하우스보트에서의
인문학 게임

# 하우스보트에서의
# 인문학 게임

인문학적 배경지식을 채워줄
재치 있는 풍자의 향연

존 켄드릭 뱅스 지음 │ 윤경미 옮김

고품격 인문학적 유머와 풍자 속에서
웃음 포인트를 찾아라!

디오니소스
프로젝트

책읽는귀족은
『하우스보트에서의 인문학 게임』을
열여섯 번째 주자로 '디오니소스 프로젝트'를 이어간다.
'디오니소스'는 니체에게 이성의 상징인
아폴론적인 것과 대척되는 감성을 상징한다.
'디오니소스 프로젝트'는 고대 그리스 신화에서는
축제의 신이기도 한 디오니소스의 특성을
상징적으로 담아내려는 시도로,
우리의 창조적 정신을 자극하는 책들을 중심으로
디오니소스적 세계관에 의한, 디오니소스적 앎을 향한
출판의 축제를 한 판 벌이고자 한다.
니체는 디오니소스를 통해
세상을 해방시키는 축제에 경탄을 쏟았고,
고정관념의 틀을 깨뜨릴 수 있는 존재로
디오니소스를 상징화했다.
자기 해체를 통해 스스로를 극복하는 존재의 상징이기도 한
디오니소스는 마치 헤르만 헤세의
"새는 알에서 나오려고 발버둥 친다. 알은 새의 세계다.
태어나려고 하는 자는 하나의 세계를 파괴해야 한다"는
의미와 맞닿아 있다.
이제 여러분을 '디오니소스의 서재'로 초대한다.

기 획 자 의  말

# 플라톤의 『향연』처럼 우아하지만, 가벼운, 너무나 가벼운 잡담의 향연을 즐겨라!

책읽는귀족은 디오니소스 프로젝트의 하나로 존 켄드릭 뱅스라는 작가의 책을 이번에 세 번째로 기획해 출판한다. 디오니소스 프로젝트는 한 마디로 고정관념을 깨뜨리고 창의성을 자극해주는 번역서의 기획 프로젝트이다. 이 프로젝트는 뛰어난 고전이라도 국내에 한 번도 출판되지 않아서 우리 독자들이 맛보지 못했던 책들을 중심으로 출판하는 것을 원칙으로 삼고 있다.

이 원칙을 딱 한 번 깨뜨렸던 것은 바로 국내에 출판된 적이 있었으나, 절판되었던 체자레 롬브로조의 『미쳤거나 천재거나』였다. 그만큼 이 책은 디오니소스 프로젝트의 기획 의도에 딱 맞아 반드시 출판해야만 했다. 그런데 이제 두 번째로 그 원칙을 깨뜨리는 책이 바로 이번에 소개하는 존 켄드릭 뱅스의 『하우스보트에서의 인문학 게임』이다.

뱅스라는 이 미국 작가는 국내에 거의 알려지지 않았다. 그가 미국 근대문학을 대표하는 작가이면서 평론가인데도 아쉽게 우리 독자들은 그를 맘껏 즐길 수 없었다. 그래서 책읽는귀족은 뱅스의 작품, 『내가 만난 유령』과『엉망진창 나라의 앨리스』를 국내에 번역하여 소개했다. 이제까지 한 번도 국내에서 출판된 적이 없는 작품이었다.

그런데 이번에 책읽는귀족에서 세 번째로 출판하는 그의 작품인 『하우스보트에서의 인문학 게임』은 디오니소스 프로젝트의 기본 원칙에 어긋나지만, 출판을 감행했다. 즉, 국내에서 출판된 적이 한 번 있었던 작품이지만, 디오니소스 프로젝트에 포함하기로 했다. 이 원칙을 깨뜨리고서라도 출판을 감행한 것은 기획자로서 뱅스를 너무나 사랑하기 때문이다. 특히『하우스보트에서의 인문학 게임(원제: A Houseboat on the Styx)』은 뱅스의 가장 대표작이기 때문에 결코 포기할 수 없었다. 책읽는귀족에서 출판된 뱅스의 작품인『내가 만난 유령』과『엉망진창 나라의 앨리스』에 이어, 삼위일체로 완전체를 만들고 싶었기 때문이다. 그래서『하우스보트에서의 인문학 게임』이 국내에 다른 제목으로 소개된 적이 있었지만, 새롭게 출판하게 되었다.

하지만 독자들에게 좀 더 손쉽게 다가가기 위해서 제목도 시대의 흐름에 따랐고, 삽화도 넣어서 더 풍부하게 만들었다. 또 이보다 더 좋을 수 없는 역주도 풍성하게 넣어서 알차게 편집했다. 사실 이 책은 글의 요소마다 친절한 가이드가 없이는 백 퍼센트 즐길 수 없다. 이에 안타까운 마음으로, 뱅스의 대표작을 가능한 최고의 상태로 만들어 『하우스보트에서의 인문학 게임』으로 재탄생하게 했다.

## 인문학적 배경지식을 게임처럼 재미있게
## 잡담처럼 얕게 만나다!

'아는 만큼 보인다'는 말이 있다. 책도 마찬가지다. 그 배경지식이 없이는 책을 맘껏 즐길 수 없다. 이 책은 언뜻 보면 매우 가벼운 잡담 수준의 내용이다. 배경지식이 없이는 그 행간의 의미를 읽을 수 없어, 뱅스의 재치와 유머를 그대로 맛볼 수 없다. 그 점이 너무 아쉬웠다. 하지만 이제 독자 여러분은 안심해도 좋다. 이 책은 그런 한계점을 제거하고, 새롭게 탄생하여 '가볍고 쉽게' 읽을 수 있도록 여러분 앞에 나타난 것이다.

인문학적 지식이라고 하면 자칫 어려운 것으로 오해하는 독자들도 있을 것이다. 하지만 인문학이라는 말에 주눅 들 필요는 없다. 파도를 타듯이, 게임을 하듯이, 잡담을 즐기듯이 이 책을 그냥 읽어나 가면 된다. 우리가 근엄하게만 여겼던 역사 속 철학자들이나 인물들이 친근한 이웃처럼 나타나 말의 향연을 펼친다. 문득 플라톤의 『향연』 풍경이 떠오른다. 하지만 이 책 『하우스보트에서의 인문학 게임』은 가벼워도 너무 가볍다. 이렇게 가벼워도 되나 싶을 정도로 가볍다. 하지만 이 재미있는 게임 같은 말의 향연을 따라가다 보면, 어느새 세계사나 철학자들의 이야기가 시나브로 차곡차곡 독자 여러분의 인문학 지식 저장고에 담길 것이다. 이 책을 통해 잡담 같은 수다가 어떤 행간의 의미를 품고 있는지 그 재미도 즐기면서, 뱅스라는 작가가 얼마나 뛰어난 풍자가였는지 알 수 있는 계기가 되기를 바란다. 이 책의 국내 출판 기획자로서 앞으로 우리나라에도 이 귀한 유머 작가인 뱅스의 풍자가 널리 회자되기를 바란다.

다시 한번 강조하지만, 뱅스가 얼마나 재치있는 풍자가인지는 책 읽는귀족에서 이미 출판된 『엉망진창 나라의 앨리스』를 보면 잘 알 수 있다. 『이상한 나라의 앨리스』를 패러디한 이 책은 미국의 근대 사회를 풍자한 것이지만, 현재 우리나라의 시대적 상황에 적용해도 너무나 잘 맞아떨어진다. 역시 고전의 놀라운 힘을 다시 느낄 수 있게 한다. 또 『내가 만난 유령』도 유령 이야기이지만, 너무 코믹하다. 더불어 『하우스보트에서의 인문학 게임』 역시 뱅스의 대표작이라는 그 타이틀답게 웃기면서 풍자까지 모두 담고 있다. 시대와 장소를 뛰어넘는 그 유머와 풍자의 맛이 놀랍기만 하다. 국내 독자 여러분들도 꼭 위대한 풍자가, 뱅스의 대표작을 맘껏 즐길 수 있는 행운이 있기를 바란다. 마지막으로 이 말을 덧붙인다.

"이제 여러분은 뱅스의 게임처럼 재미있는 인문학적 향연의 초대에 당첨되셨습니다!"

2018년 4월
기획자 조선우

# Contents

"이보게 카시우스, 의원 운운하는 걸 보니
뭔가 단단히 착각하고 있는 게 틀림없군.
하지만 그런 게 아니라네. 우리가 카론에게 원하는 건
선장이나 의원이 아니라 바로 관리자라네."

# a houseboat
## on the styx

# The 1st Game
# 하우스보트의
# 정체를 밝혀라!

어느 화창한 금요일 아침, 저승의 뱃사공 카론(Charon: 그리스 신화에서 스틱스강 너머 저승으로 죽은 자들을 건네주는 뱃사공이다. 저승으로 가기 위해서는 카론에게 뱃삯을 지불해야 한다-역주)은 스틱스강(Styx: 그리스 신화에서 지상과 저승의 경계를 이루는 강이다. 증오의 강 스틱스는 저승에서 슬픔의 강 아케론, 탄식의 강 코키투스, 불의 강 플레게톤, 망각의 강 레테 등의 지류로 나뉘어 하데스의 나라를 아홉 물굽이로 감싸고 흐른다. 그리스의 신들은 맹세할 때 스틱스강에 대고 맹세하고, 설령 제우스라 하더라도 이 맹세를 거역해서는 안 된다-역주) 위에서 한가로이 노를 젓고 있었다. 카론은 느른히 노를 저으며 슬며시 미소를 지었다. 그는 속으로 지난 수년 동안 자신이 천신만고 끝에 따낸 나룻배 독점 운영권을 떠올리던 참이었다.

"참으로 근사한 일이고말고."

카론은 입가에 만족스러운 미소를 떠올리며 중얼거렸다.

"이 몸으로 말할 것 같으면 이승과 저승 사이의 중개자로서 영혼들의 출입을 독점적으로 관장하는 특권을 가지고 있을뿐더러 이력도 나무랄 데 없이 깨끗하다고. 게다가 내 평생 단 한 번도 임무를 그르치지 않았으니 이 귀한 특권에 티끌만큼의 오명도 남기지 않았다는 말씀이지. 그리고……."

일순 카론은 혼잣말을 멈추었다. 그와 동시에 카론의 나룻배도 그 자리에 우뚝 멈춰 섰다. 카론이 스틱스강의 한 굽이를 들어섰을 때, 어떤 물체가 그의 시선을 사로잡은 탓이었다. 그 물체를 본 순간 카론의 마음속은 불길한 예감으로 가득 찼다. 카론의 시선 끝에는 또 다른 배가 한 척 정박해 있었고, 그 배의 존재는 카론이 결코 용납하기 힘든 것이었다.

지금까지 카론은 스틱스강에서 독점적인 권리를 행사해 왔다. 헌데 19세기가 저물어가는 지금 이 시점에서 누가 감히 카론에게 도전장을 내밀 수 있단 말인가? 하물며 이제까지 카론은 나룻배를 운행하는 일에 있어서건, 혹은 스틱스강에서 유람 여행을 제공하는 데 있어서건 영혼들을 만족시키지 못한 적은 단 한 차례도 없었다.

어디 그뿐인가? 카론은 하데스(Hades: 고대 그리스 신화에서 죽은 자들이 가는 나라를 말하며 이 이야기의 배경이 되는 장소이기도 하다. 하데스는 그리스 신화에서 죽은 자들의 신이자 저승의 지배자를 가리키기도 하지만 여기서는 '명계'의 의미로만 쓰이고 있다-역주)의 최상류층 일가를 위해 고급 휴양지인 '카론의 글랜 아일랜드'에서 즐거운 유흥을 제공하여 그들로부터 제법 만족스러운 반응을 끌어내곤 하지 않았던가.

하지만 강의 으슥한 곳에 정박해 있는 기묘한 모습의 배를 눈앞에서 마주하고 있자니, 카론의 마음속은 실망감과 근심으로 가득 차올랐다.

"저 뚱딴지같은 배는 도대체 뭐람!"

카론은 들릴 듯 말 듯 속삭였다.

"저 배가 도대체 무슨 수작을 부리려는 건지 알아내지 못한다면 내 성을 갈고 말겠어! 이 강에서 감히 나와 경쟁할 수 있다고 생각하는 작자가 있다면 단단히 착각하는 거라고. 이 몸으로 말할 것 같으면, 영혼들에게 뱃삯으로 땡전 한 푼도 받지 않고, B&G 사의 노란 상표가 붙은 벤진(석유를 증류하고 정제하여 얻는 공업 휘발유의 하나-역주)을 하루에 세 번 들이켜도 파산하지 않을 자신이 있단 말씀이야. 감히 놈들이 나와 맞설 작정이라면 단단히 본때를 보여주고 말겠어. 게다가 저 배의 꼬락서니하고는! 길쭉한 운하용 보트 위에 피렌체식 오두막을 지어 놓은 모양새로구먼."

카론은 그 배의 측면으로 노를 저어가다 배의 중간 즈음에서 멈춰 서서 배를 향해 소리쳤다.

"이보시오!"

하지만 대답은 들려오지 않았다. 카론은 다시 한번 소리쳤다. 하지만 두 번의 외침에도 불구하고 여전히 돌아오는 답은 없었다. 결국,

카론은 자신이 배를 직접 조사해 봐야겠다고 마음먹었다.

카론은 자신의 나룻배를 낯선 배의 꼬리 버팀대에 단단히 고정한 다음, 그 이상한 배 위로 기어 올라갔다. 자신의 배에서 그 낯선 배를 바라보았을 때는 그저 놀랍기만 한 심경이었지만, 막상 그 달갑잖은 배 위에 직접 올라와서 배를 바라본 순간 카론은 그대로 몸이 굳어지는 것만 같았다. 카론은 족히 몇 분 동안 그 자리에 못 박힌 듯이 서 있었다.

카론은 그 길고 널찍한 갑판 위를 쓱 훑어보았다. 갑판은 연회장의 바닥처럼 광활했고 번쩍번쩍 광이 날 만큼 반들반들했다. 배의 정중앙에는 정갈하고 단순한 피렌체식 오두막 같은 건물이 하나 세워져 있었다. 피렌체식 건축 미학에 푹 빠진 건축가가 공들여 설계한 듯한 그 오두막은 일견 제법 친숙하고 평범해 보이긴 했지만, 찬찬히 뜯어볼수록 그리 만만하게 볼 만한 것이 아니었다. 오두막은 최고급 목재로 지어졌을 뿐만 아니라, 내부 장식은 궁궐이 부럽지 않을 만큼 호화로웠다.

"도대체 이렇게 멋진 배로 뭘 할 작정이람?"

카론은 한층 더 우울해진 목소리로 중얼거렸다.

"이런 근사한 배로 이곳에서 운항을 개시한다면 난 끝장난 거나 다름없어. 초라하기 짝이 없는 내 나룻배가 수중궁궐이나 다름없는 이런 호화로운 배와 어찌 경쟁이나 되겠냔 말이야. 이 문제에 대해 감독관을 만나서 이유라도 알아봐야겠어. 놈들에게 대적하려면 나도 만만치 않은 대가를 치러야 할 테지!"

카론은 불길한 생각에 사로잡힌 채, 배를 좀 더 샅샅이 살펴보았다. 하지만 배를 살펴보면 볼수록 점점 더 그 배가 증오스러워질 뿐이었다. 그 배는 카론의 끔찍한 적수가 될 것이 분명해 보였다. 그리고 틀림없이 그 적들은 엄청난 자산을 가진 든든한 뒷배를 가졌으리라. 그 뒷배란 아마도 이 강을 감독하는 자들이겠지.

카론은 스틱스강에서 망자들을 건네주는 뱃사공 노릇을 하는 동안, 여생을 편히 보낼 수 있을 만큼의 돈을 모아두었다는 사실에 자그마한 위안을 얻었다. 하지만 카론은 고작 그 정도로는 만족할 수 없었다. 카론은 돈을 최대한 벌 만큼 벌어서 은퇴 후에 상류 계층에 합류하겠다는 꿈을 갖고 있었다. 사실 그런 일은 스틱스강의 바깥쪽 인간 세상에서는 이미 벌어지고 있는 일인데, 이곳 사후세계에서라고 그러지 못하리라는 법은 어디 있단 말인가?

"내가 비록 한낱 뱃사공에 불과하지만 이래 봬도 제법 혈통이 좋다고."

카론이 혼잣말을 이었다.

"나로 말할 것 같으면 카오스('혼돈', '암흑'을 의미하며 그리스인들은 우주가 만들어지기 전, 즉 만물 생성 이전의 원초적 상태를 카오스라 불렀다-역주)의 손자이자, 에레보스(그리스 신화에 나오는 어둠의 신으로 '어둠' 또는 '암흑'을 뜻한다. 카오스에서 태어난 아들이며, 밤의 여신 닉스와 교합하여 헤메라와 아이테르를 낳았다고 한다-역주)와 닉스(그리스 신

화에 나오는 밤을 의인화한 여신이다-역주)에게서 난 자식이란 말씀이
야. 내 혈통을 놓고 따지자면 하데스에 있는 누구에게도 뒤질 게 없
다고. 닉스 가문은 낮의 가문만큼 휘황찬란하지는 않지만, 더 유서 깊
은 가문이란 말씀이지. 물론 지금은 우리 가문이 좀 가난하고 시들시
들해지긴 했지만……. 요즘은 돈이 곧 계급이 되는 시대니 말이지. 내
가 만일 백만장자에다 철도회사를 소유하고 있다면 사람들은 날 선
주(船主)라고 부르며 대접해주었을 텐데. 하지만 난 일개 뱃사공에 불
과한 것을. 젠장! 어디 두고 보라지! 언젠간 나도 영향력을 키워서 이
거들먹거리는 신참들이 내 앞에서 무릎을 꿇고 싹싹 빌게 해줄 테니
까. 언젠가는 나도 작위를 하나 갖고서 그리스 신화에 등장하지 않은
영혼은 절대 내 집에 발도 못 디디게 할 테다. 설령 버크의 『귀족 연
감(Burke's peerage, 1826년에 발행된 존 버크의 책으로 영국, 아일랜드,
유럽 왕실 및 귀족 가문의 계보를 담고 있다-역주)』과 미국의 상류층 명
부에 기록된 자라고 해도 그럴듯한 명분 없이는 이 카론 제독의 관저
근처에는 발도 못 붙이게 하고 말 거라고."

하지만 카론은 그 희망이 결국엔 슬픈 결말을 맞으리라는 것을
이미 직감하고 있었다. 이 늙은 뱃사공은 비참한 심정으로 다시 자신
의 낡은 나룻배로 기어 내려가 노를 저으며 어둠 속으로 사라져갔다.

그로부터 몇 시간 후, 카론은 나룻배에 새로 도착한 영혼 무리를
싣고 돌아오고 있었다. 그날의 수익을 열심히 셈하며 노를 젓던 카론
은 또다시 예의 그 배와 마주쳤다. 조금 전과는 달리 그 배는 휘황찬

란하게 불이 밝혀져 있었고, 배 안에는 하데스에서 가장 유명한 영혼들이 인산인해를 이루고 있었다. 뱃머리에는 한 무리의 악단이 감미로운 선율을 연주하고 있었으며, 음악 소리와 함께 영혼들의 기분 좋은 웃음소리가 어둠에 잠긴 스틱스강의 수면 위로 쉬지 않고 울려 퍼졌다. 악단의 연주 사이로 쨍강! 하고 술잔이 부딪치는 소리와 펑! 하고 코르크 마개 터지는 소리가 주기적으로 터져 나왔고, 유명한 시인들은 그 소리에 흠뻑 취해 있었다.

스틱스강의 위대한 뱃사공 카론은 그 모습에 압도당한 나머지, 늘 행운의 부적처럼 지니고 다니던 오볼리(고대 그리스에서 사용하던 은화-역주)은화 세 닢과 다임 동전 한 닢을 배 밖으로 떨어뜨리고 말았다.

자신도 모르게 행운의 동전을 떨어뜨린 순간, 카론의 시름은 한층 더 깊어졌다. 하지만 그 낯선 배에 타고 있던 누군가가 카론에게 곧장 탐조등을 비추며 큰 소리로 인사를 건네 오는 바람에 카론은 시름을 잊고 상대를 쳐다보았다.

"카론!"

탐조등으로 카론을 비추던 영혼이 외쳤다.

"이보게, 카론!"

"무슨 일입니까?"

카론은 낯선 배를 향해 노를 저어가며 말했다.

"대체 용건이 뭔데 그러십니까?"

"용건은 바로 당신이라네."

영혼이 대답했다.

"우리 배의 위원회에서 지금 당장 당신을 보고 싶어 한다네."

"뭣 때문에 말이지요?"

카론이 조심스레 물었다.

"그건 나도 잘 모르겠소. 나는 그저 클럽의 회원일 뿐이라서 말이오. 그리고 이 배의 위원회에서는 일개 회원에게 절대 자신들의 계획을 발설하지 않는다오. 내가 아는 거라곤 저들이 당신을 찾고 있다는 것뿐이오."

상대가 말했다.

"그 배의 위원회에는 누가 있소?"

카론이 물었다.

"월터 롤리(Walter Raleigh, 1554?~1618: 영국의 정치인, 탐험가, 작가, 시인이자 영국 여왕 엘리자베스 1세의 충신으로 알려져 있다. 1578년 아메리카 대륙에 영국의 식민지를 건설하기 위해 떠났고, 현재의 노스캐롤라이나 지역에 식민지를 세우고자 했지만 실패했다. 1580년 아일랜드에서 일어난 반란을 진압한 공으로 엘리자베스 1세의 신임을 얻는다. 진흙길 위에 값진 망토를 펼쳐 엘리자베스 1세를 지나가게 했다는 이야기로도 유명하다. 하지만 이후 제임스 1세 때 반역죄로 몰려 런던탑에 갇혀 12년간 수감생활을 했고, 이후 엘도라도에 원정을 떠났지만 왕명을 어겼다는 이유로 사형당했다. 서정 시인으로도 유명했으며 현재 30편 정도의 작품이 전해진다-역주)경과 카시우스(Gaius Cassius Longinus, BC 85~BC 42: 고대 로마 공화정 말기의 정치가이자 장군으로 카이사르 암살 주모자의 한 사람이다. 동방에서 활약한 후, BC 44년에 법무관에 취임했으나 3월 15일 브루투스 등과 모의하여 카이사르를 암살했다-역주), 데모스테네스(Demosthenes, BC 384~BC 322: 그리스 최대의 웅변가이자 정치가로 그리스의 여러 폴리스의 자립을 호소하며 패권을 추구하는 필리포스 2세에 대항하여 반 마케도니아 운동을 전개했지만 뜻을 이루지 못하고 자살로 생을 마쳤다-역주), 블랙스톤(William Blackstone, 1723~1780: 영국의 법학자로 영국법을 체계화하고 독립전쟁 후 미국법 발달에 큰 영향을 미쳤다-역주), 사무엘 존슨 (Samuel Johnson, 1709~1784: 영국의 시인 겸 평론가. 후에 문학상 업적으로 박사 학위를 받았기에 '존슨 박사'라 불렸다.『영어 사전 (A Dictionary of the English Language)』을 자력으로 7년 만에 완성했으며 영국 시인 52명의 전기와 작품론을 정리한 10권의『영국 시인전(Lives of the English Poets)』을 출간했다-역주)박사님과 공자(孔子, Confucius BC 551~479: 노나라 시대의 정치가이자 사상가로 유학의 선구자이다-역주)가 있다오."

영혼이 대답했다.

"한 시간 내로 가겠다고 전해 주십시오."

카론이 배를 저으며 말했다.

"지금은 강 여기저기에 영혼들의 짐을 배달해 줘야 합니다. 오늘 밤 안으로 배달해 주기로 약속한 참이라서요. 하지만 새로 도착한 영혼들이 도와줄 터라 그리 오래 걸리진 않을 겁니다. 그건 그렇고 이 배의 정체는 대체 뭡니까?"

"에레보스의 낸시 닉스 호라오."

영혼이 대답했다.

"이런 세상에!"

카론은 강을 거슬러 배를 저어가며 외쳤다.

"우리 어머니의 이름을 따서 지은 배라니! 어쩌면 일이 생각보다 잘 풀릴지도 모르겠는걸."

희망으로 제법 마음이 풀어진 카론은 승객 두 명의 도움을 받아 저녁 작업을 일찌감치 끝내고는 한 시간이 채 지나기도 전에 그 배의 위원회를 찾아가 월터 롤리 경과 그 일행을 만나보기를 청했다. 카론은 위원회의 높으신 분들에게 진심어린 환대를 받았다. 그리 높지 않은 카론의 사회적 지위에도 불구하고 카론에 대한 그들의 환대는 꽤나 진정성 있고 열렬했다. 사실 롤리 경은 지난 세기에 카론이 실수로 스틱스강 한가운데서 롤리 경과 엘리자베스 여왕을 태운 나룻배를 전복시켰던 사건 이후로 카론을 늘 멀리해 왔다. 그랬던 롤리 경이 왼손 손가락 세 개를 내밀어 카론에게 악수를 허락해준 데 대해 카론은 진심으로 기뻤다.

"카론, 그동안 잘 지냈나?"

롤리 경이 친근하게 말을 건넸다.

"자네를 보니 반갑기 그지없군."

"정말 감사합니다, 롤리 경."

카론이 말했다.

"그 말을 들으니 참으로 황송하기 짝이 없습니다. 사실 제 부주의로 롤리 경과 엘리자베스 여왕님이 나룻배 밖으로 떨어진 사건이 있던 이후로, 제가 얼마나 슬퍼하며 가슴 졸이고 살았는지 모릅니다요. 대체 어째서 그런 일이 있었는지 이유는 알 수 없지만 어쨌든 그리 되고 말았습죠. 그때 여왕 폐하께서 친절하게 도와주시지 않으셨다면 더 큰 사달이 날 뻔 했습니다만……. 안 그렇습니까, 롤리 경?"

이 말에 롤리 경은 카론을 바라보며 위협적으로 고개를 저었다. 사실 그 당시, 엘리자베스 여왕이 먼저 해변으로 헤엄쳐 올라가 자신의 목주름 깃을 풀어 롤리 경에게 던져주었고, 롤리 경은 그것을 구명줄 삼아 구사일생으로 물에 빠져 죽는 것을 면했다. 하지만 롤리 경은 줄곧 그 사실을 비밀로 해왔다.

"쉿, 조용히 하게!"

롤리 경이 낮은 목소리로 말했다.

"그 일은 누구에게도 발설해서는 안 되네."

"잘 알겠습니다, 롤리 경. 절대 발설하는 일은 없을 겁니다."

카론이 대답했다. 하지만 카론은 롤리 경의 미미한 흥분을 눈치 챘을 뿐만 아니라, 이 저명한 기사가 자신의 출세에 제법 도움이 될 수도 있으리라는 것을 알아차린 참이었다.

"여러분들이 제게 하실 말씀이 있을 줄로 압니다만……."

그곳에 모인 이들에게 인사를 올린 후에 카론이 입을 열었다.

"그렇소."

롤리 경이 대답했다.

"우리는 자네가 이 배를 지휘해 주었으면 한다오."

그 말을 들은 순간 카론은 기뻐서 눈이 번쩍 뜨였다.

"그 말씀은……. 제게 이 배의 선장이 되어달라는 말씀이십니까?"

카론이 기대에 차서 물었다.

"그건 아니지."

공자가 다이아몬드가 촘촘히 박힌 젓가락으로 테이블 위를 톡톡 치며 말했다.

"우리가 원하는 건 말이오……. 그, 뭐랄까……. 그 직책을 뭐라고 부르지? 카시우스?"

"의원 말인가?"

카시우스의 이 말에 데모스테네스가 웃음을 터뜨리면서 말했다.

"이보게 카시우스, 의원 운운하는 걸 보니 뭔가 단단히 착각하고 있는 게 틀림없군. 하지만 그런 게 아니라네. 우리가 카론에게 원하는 건 선장이나 의원이 아니라 바로 관리자라네."

"그게 뭡니까?"

카론이 다소 맥이 빠진 목소리로 물었다.

"관리자가 하는 일은 뭔가요?"

"집안을 구석구석 돌보는 일이지."

롤리 경이 설명했다.

"주인을 대신하여 집을 돌보는 대리인 같은 걸세. 우리는 자네가 집과 배를 잘 관리해 주었으면 한다네."

"그런데 집이라니 도대체 집이 어디 있습니까?"

카론이 어리둥절한 얼굴로 물었다.

"이게 바로 집이지."

롤리 경이 대답했다.

"우리가 타고 있는 이것이 바로 집이라네. 물론 배이기도 하고 말이지. 사실 이건 하우스보트라네."

"그렇다면 이 하우스보트가 제 사업을 말아먹을 작정으로 이곳에 있는 게 아닌 것이 확실한가요?"

카론이 미심쩍은 목소리로 물었다.

"전혀 아닐세."

롤리 경이 대답했다.

"오히려 자네 사업을 일으켜 주려고 하는 것일세. 우리는 자네에게 급여는 섭섭지 않게 지급할 걸세. 게다가 할 일도 많지 않다고. 자네는 이 일에 딱 맞는 최적의 인재일세. 비록 자네가 집에 대해서는 별로 아는 게 없다 해도 배에 대해서라면 전문가 아닌가. 그리고 배는 이 하우스보트에서 꽤나 중요한 부분이거든. 만일 배가 가라앉으면 자네는 집을 구할 수는 없겠지만, 적어도 집에 불이 났을 때 배를 구할 수는 있지 않겠나? 안 그런가?"

"그런 것 같습니다. 나리."

카론이 대답했다.

"우리가 관리인을 고용하려는 데는 또 다른 이유가 있지."

공자가 말했다.

"우리 단체는 스틱스강의 양쪽 세계 모두와 직접 소통하길 원한다네. 그리고 자네처럼 배를 모는 일에 유능한 뱃사공이 관리인이 된다면 그 어떤 관리자보다 이 일에 적임자가 아니겠나."

"그게 다가 아니라네."

카시우스가 입을 열었다.

"이따금 우리는 위원회의 뜻에 따라 이 배를 강의 상류나 하류로 예인했으면 하네. 그래서 우리는 배를 예인할 수 있는 영향력을 가진 자네 같은 사람을 관리인으로 두는 게 낫다고 생각했지."

"이 배는 끌지 않으면 움직일 수 없나요?"

카론이 물었다.

"움직일 수 없지."

카시우스가 대답했다.

"그렇다면 이 배를 끌어 움직일 수 있는 사람은 저밖에 없단 말이군요."

"안타깝게도 자네밖에 없지."

블랙스톤이 대답했다.

"관리인이 되면 월급은 얼마나 주실 생각인가요?"

"한 달에 백 오볼리 어떤가?"

롤리 경이 다소 불편한 기색을 내비치며 말했다.

"어디 보자…… 그럼 나리들."

카론이 입을 열었다.

"한 달에 이백 오볼리를 주시면 그 일을 맡도록 하겠습니다. 단, 토요일은 쉬는 조건으로 말입니다요."

카론의 제안에 위원회는 5분 동안 이 문제로 회의를 했다. 잠시 후 그들은 영혼연합회(the Associated Shade)를 대표하여 이 제안을 수락하겠다고 카론에게 알려왔다.

"방금 뭐를 대표한다고 하셨나요?"

카론이 물었다.

"영혼연합회라고 했네."

롤리 경이 대답했다.

"하데스에서 가장 영향력이 큰 단체로 자네가 지금 승선하고 있는 이 하우스보트를 소유한 단체이기도 하지. 그러면 언제부터 일을 시작할 수 있겠나?"

"지금 당장이요."

그런 후에 카론은 시계를 흘끗 보며 자정이 가까워졌다는 사실을 확인했다.

"당장 일을 시작하겠습니다. 그리고 이제 막 토요일이 되었으니, 오늘 하루는 쉬는 걸로 하지요."

카론은 싱긋 웃으며 말했다.

"커튼이 내려오는 순간,
텅 빈 극장에서 홀로 바이올린을 켜는 네로의 모습을 상상해 보라고 존슨.
비극의 절정으로 이보다 더 무시무시하고 엄청난 장면이
또 어디 있겠나."

# a houseboat
on the styx

# The 2nd Game
# 〈햄릿〉의
# 저작권 주인을 찾아라!

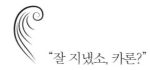

"잘 지냈소, 카론?"

셰익스피어(William Shakespeare, 1564~1616: 역사상 가장 위대하고 가장 영향력 있는 영국의 극작가로서, 작품으로는 〈햄릿〉, 〈리어왕〉, 〈로미오와 줄리엣〉, 〈베니스의 상인〉, 〈맥베스〉 등을 비롯한 38편의 희곡과 장시 두 편, 그리고 소네트집이 있다-역주)는 배의 승선을 돕는 카론에게 가벼운 인사를 건넸다.

"오늘 밤에 여기 다른 사람들도 와 있소?"

"그렇습니다, 나리."

카론이 대답했다.

"위층 도서관에는 베이컨(Francis Bacon, 1561~1626: 영국의 철학자이자 정치인이며 영국 경험론의 창시자이다. 데카르트와 함께 근세 철학의 개척자로 평가받는다-역주) 경이 계시고, 존슨 박사님은 아래층 당구장에서 네로(Nero, 37~68: 로마 제국의 제5대 황제로 흔히 정신 이상자나 폭군으로 잘 알려져 있다. 하지만 네로의 재위 기간 중, 로마 문화는 융성했으며 예술에도 조예가 깊었다. 그가 폭군으로 낙인찍힌 것은 로마 대화재 당시 기독교도에 죄를 씌우고 대학살을 했던 것과 관련이 있다-역주) 황제와 당구를 치고 있습니다."

"하, 뭐라고?"

셰익스피어가 피식 웃음을 터뜨렸다.

"방금 당구라고 했나? 그 대단한 네로 황제께서 당구를 치고 있단 말이지?"

"뭐 그분의 바이올린 연주만큼이나 실력은 형편없지만 말이지요(로마가 불탈 때 네로 황제가 바이올린을 켰다는 유명한 일화를 빗댄 문장이다-역주)."

카론은 장난스러운 눈빛으로 말했다.

셰익스피어는 집 안으로 들어가며 동전 한 닢을 공중에 던지고는 중얼거렸다.

"앞면이 나오면 베이컨에게 가고, 뒷면이 나오면 네로랑 존슨 박사와 당구를 치겠어."

동전은 앞면이었다. 하지만 셰익스피어는 동전의 결과 따윈 아랑곳하지 않는다는 듯 그대로 당구장으로 들어갔다. 셰익스피어는 사소한 일을 결정할 때 동전을 던진 후에 그 결과와 반대로 행동하는 기묘한 습관이 있었다.

셰익스피어는 동전의 결과와 정반대로 행동하는 일이 운명의 절대성을 믿는 다른 멍청이들과 자신을 구분 짓는 특별한 행위라고 믿었다. 하지만 운명의 여신들(운명의 여신은 세 자매이다. 클로토는 운명의 실을 뽑아내고, 라케시스는 운명의 실을 감거나 짜며, 아트로포스는 운명의 실을 가위로 잘라 삶을 거두는 역할을 한다-역주)은 셰익스피어의 자그마한 반항을 보고 빙그레 웃기만 했다. 운명의 세 여신이 운명에 반항하고자 하는 셰익스피어의 성향과 그의 행동 양식을 예의 주시해왔다는 것은 명계에서 이미 파다하게 퍼진 이야기였다. 그리하여 운명의 여신들은 동전이 떨어지는 방향을 조종했고, 결국 셰익스피어는 자신도 모르는 사이에 운명의 여신이 의도한 대로 행동하게 되는 것이었다. 사실 셰익스피어가 존슨 박사와 네로 황제와 함께 당구를 치게 된 것도 모두 운명의 여신이 세운 계획 중 하나였다. 햄릿이 던진 동전이 도서관에 가서 베이컨 경과 잡담을 나누라는 계시를 내보였던 것도 모두 그런 이유에서였다.

"어서 오게, 윌리엄,"

존슨 박사가 당구장으로 들어온 셰익스피어에게 인사했다.

"우리 에이번의 백조(Swan of Avon: 셰익스피어의 별칭으로 그의 출생지에서 유래했다-역주) 나리께서는 기분이 어떠신가?"

"지쳐 쓰러질 지경이네. 오늘 아침에 희곡을 너무 열심히 써서 완전히 녹초가 되어버렸다고."

셰익스피어가 대답했다.

"쉬지 않고 일만 하면 멍청이가 되는 법이지."

네로가 빙글빙글 웃으며 말했다.

"참으로 태평하기 짝이 없는 영혼이군."

셰익스피어가 한숨을 푹 내쉬며 말했다.

"당신을 소재로 비극을 하나 썼어야 했는데."

"그러게 왜 안 썼는지 궁금했더랬지. 네로 황제라면 비극의 소재로 끝내줬을 텐데 말이야. 아마도 네로 황제가 저지르지 않은 죄가 없을 정도니까. 안 그렇소, 황제 폐하 나리?"

존슨이 말했다.

"내가 세상의 모든 죄를 몽땅 다 저지른 건 아니라고. 적어도 난 영어 사전은 집필하지 않았거든."

네로 황제가 심드렁한 말투로 대답했다.

"비록 내가 뭐든 닥치는 대로 죽여 버리긴 했지만, 영어를 죽이지는 않았다고."

"당신을 소재로 했다면 꽤 멋진 비극 한 편이 나왔을 텐데."

셰익스피어가 말했다.

"커튼이 내려오는 순간, 텅 빈 극장에서 홀로 바이올린을 켜는 네로의 모습을 상상해 보라고 존슨. 비극의 절정으로 이보다 더 무시무시하고 엄청난 장면이 또 어디 있겠나."

"그러게, 정말 대단한 장면일 거야. 하지만 그런 식으로 관객들을 모두 죽여 버린다면 그게 다 무슨 소용이겠나? 관객들은 살려 둬야

돈을 벌지. 안 그런가. 네로가 수요일 밤에 엘리자베스 여왕께 선사한 작은 음악회를 런던에서 한다고 생각해보라고. 과연 살아남을 인간이 얼마나 되겠나?"

존슨이 말했다.

"하나도 없겠지. 그날 밤 나는 우리가 불멸의 존재라는 사실에 얼마나 안도했는지 모르네. 그렇지 않았더라면 우리는 그때 그곳에서 몰살당했을 테니."

셰익스피어가 대답했다.

"그래?"

네로가 의미심장한 태도로 머리를 흔들며 말했다.

"내 친구 베이컨은 이아고(셰익스피어의 비극 〈오셀로〉에 등장하는 간악한 인물-역주)의 대사로 이 말을 썼지. '질투를 조심하십시오, 주군!'이라고 말이야. 바이올린은커녕 정원 호스도 연주하지 못하는 얼간이 주제에 말이 많군."

"감히 내가 쓴 글귀를 베이컨에게 갖다 붙이는 이유가 뭔가!"

셰익스피어가 얼굴이 벌게져서 씩씩대며 소리쳤다.

"어이, 진정하게나, 윌리엄."

네로가 셰익스피어에게 충고하듯 말했다.

"살아 있는 인간들의 눈을 속이는 건 상관없어. 저들이야 고작 인간일 뿐이니까. 하지만 우리를 속일 수는 없다고. 이곳에서 우리는 이제 모든 비밀을 알고 있지 않나. 우리한테까지 헛소리를 지껄여 봤자

다 무슨 소용인가?"(셰익스피어가 실제로 셰익스피어의 작품의 원작자가 아닐 수 있다는 논쟁은 오래전부터 있었다. 그 이유로는 각기 다른 필체로 된 셰익스피어의 서명이 네 가지나 존재한다는 점, 그리고 그의 작품이 셰익스피어의 교육수준이나 생활 수준을 훨씬 웃돈다는 점, 셰익스피어의 생애에 공백이 있다는 점 등을 들고 있다. 그래서 실제 셰익스피어의 작품의 원작자로 프랜시스 베이컨, 크리스토퍼 말로, 옥스퍼드 백작 등이 거론되었지만, 진위는 여전히 확인되지 않고 있다-역주)

"과연 그럴지 어디 두고 보자고. 베이컨을 여기로 불러올 테니까 말이야."

셰익스피어는 이렇게 말하며 전기 단추를 눌러 카론을 호출했다.

"카론, 존슨 박사께 에일 한 잔을, 그리고 네로 황제께는 얼음을 좀 가져다주게나. 그리고 베이컨 경에게 지금 이곳으로 내려왔으면 한다고 전해 주게."

"난 얼음 따위 필요 없어."

네로가 말했다.

"지금이야 그렇겠지."

셰익스피어가 잘라 말했다.

"하지만 좀 있으면 필요해질걸. 베이컨 경과 내가 자네의 허튼소리에 조목조목 반박해 줄 테니까. 그러면 자네는 고작 얼음 따위가 아니라 빙산이라도 끌어안고 싶어질 거야. 내 작품을 내가 쓰지 않았다는 그런 뚱딴지같은 소리는 정말 신물이 날 정도로 지긋지긋해. 난 이제까지 자네의 끔찍한 바이올린 연주 실력에 대해 한마디도 하지 않았어. 왜냐하면 자네 마음에 상처를 주고 싶지 않아서 참아준 거라고. 하지만 자네가 나의 도덕성에 대해 중상모략을 다짜고짜 해대는 마당에 나도 더 참을 이유가 없지. 자네의 바이올린 연주에 대해서 한마디 하자면, 그 염병할 연주 소리에 대자연이 진저리치며 요동쳐서 폼페이가 멸망한 거라고 말해 주고 싶군! 그게 다 그 망할 놈의 연주 때문이라고! 안 그런가, 황제 나리?"

셰익스피어의 말에 네로의 얼굴은 분노로 붉으락푸르락해졌다. 만일 셰익스피어가 영혼이 아니었다면 끔찍한 꼴을 당했을 것이 분명했다. 왜냐하면 분노에 찬 로마 황제가 들고 있던 당구 큐대를 기다란 창처럼 높이 들어 올려 그 건방진 극작가에게 던졌기 때문이다. 네로의 일격은 한때 셰익스피어의 심장이 뛰던 자리에 정확히 꽂혔다.

"아주 정확한 샷이었어."

존슨 박사가 침착하게 말했다.

"윌리엄, 자네가 인간이었다면 즉시 끝장났을 걸세."

"네놈은 날 죽일 수 없어."

셰익스피어가 어깨를 으쓱하며 말했다.

"미국에서 날 죽이고 싶어 하던 배우들만 해도 족히 백 명쯤 되지만 아무도 날 죽이지 못했거든. 난 그 작자들이 나를 죽이려 드는 대신 비평가들이나 좀 죽여줬으면 좋겠는데 말이야."

셰익스피어는 말을 이었다.

"지난 저녁엔 보스턴에 갔더랬지. 난 그날 밤에 햄릿 역할을 맡은 배우 하나를 몰래 덮쳤다네. 그리고 놈에게 수면제를 먹인 후에 그 친구 대신 극장으로 가서 햄릿을 연기했지. 그런데 세상에 그렇게 썰렁한 극장은 처음 봤지 뭔가! 관객의 박수 소리가 마치 얼음 장수가 작은 송곳으로 얼음을 깨는 소리 마냥 싸하게 들리더란 말이지. 난 혹시나 위쪽 관람석에 고드름이 주렁주렁 매달려 있는 건 아닌가 싶어서 몇 번이나 위를 쳐다봤다고. 어쨌든 극장은 말도 못 하게 썰렁했어. 하지만 나는 최선을 다해 햄릿 역을 연기했고, 다음 날 아침에 눈을 뜨자마자 비평가들의 반응을 살펴보려고 신문을 샅샅이 훑었지."

"비평은 호의적이었나?"

존슨 박사가 물었다.

"다들 한 마디로 날 엿 먹이더군."

햄릿이 말했다.

"놈들이 평가하길, 내 연기가 전혀 셰익스피어답지 않다는 거야. 도대체 그따위 게 비평이라니!"

"그렇지 않네."

셰익스피어가 열변을 토하는 동안 에머슨(Ralph Waldo Emerson, 1803~1882: 미국의 사상가 겸 시인, 철학자. 정신을 물질보다 중시하고 직관 및 자아의 소리에 귀를 기울일 것을 주장하는 신비적 이상주의자였다. 주요 저서로는 『자연론』, 『대표적 위인론』 등이 있다-역주)의 영혼이 느릿느릿 다가와서 말했다.

"문제는 비평이 아니라 보스턴의 수준이라네."

"헌데 보스턴을 발견한 게 누구였지? 콜럼버스였던가?"

존슨 박사가 물었다.

"아니라네."

에머슨이 고개를 저으며 대답했다.

"그 책임은 윈스롭(John Winthrop, 1588~1649: 영국의 아메리카 식민지 개척자-역주) 총독에게 물어야지. 총독이 찰스타운(Charlestown: 미국 매사추세츠주 동부의 옛 도시-역주)에 정착했을 때, 찰스타운 맞은편에 있는 오래된 인디언 마을인 쇼멋(Shawmut, 과거에 인디언들이 살던 곳으로 현재 매사추세츠주 보스턴 지역이다-역주)을 발견했거든."

"그리고 그 쇼멋이 지금의 보스턴 나부랭이가 된 거란 말이오?"

존슨 박사가 물었다.

"바로 그렇지."

에머슨이 대답했다.

"사실은 '쇼멋'이 아니라 '투덜대쇼멋'이라고 써야 하는 것 아니오?"

셰익스피어가 끼어들었다.

"투-덜-대-쇼-멋 말이오. 거기 사는 인간들은 너나 할 것 없이 늘 투덜투덜 불평만 해대니 말이지. 안 그렇소?"

"그거 정말 그럴듯하군."

존슨이 맞장구쳤다.

"그 말은 자네가 아니라 내가 해야 하는 건데. 거참 아쉽구먼."

"정 그렇다면 보즈웰(James Boswell, 1740~1795: 영국의 충실한 전기 작가. 법률 공부를 하러 런던에 나갔다가 사무엘 존슨을 만나 그를 스승으로 모시고 따라다니며, 그의 행동과 태도, 습관 등을 관찰하고 기록해 두었고, 사무엘 존슨이 죽고 난 후 『존슨전(Life of Samuel Johnson)』을 발표했다-역주)에게 말하지그래."

셰익스피어가 조언했다.

"보즈웰이라면 자네가 그 말을 했다고 기록해 줄 테고, 그 기록은 향후 백 년 동안은 바뀌지 않을 테니 말일세."

그 순간, 베이컨 경이 카론과 함께 모습을 드러냈다. 카론은 네로에게 줄 얼음과 존슨 박사에게 줄 맥주를 손에 들고 있었다. 베이컨 경은 존슨 박사를 못마땅하다는 듯 쳐다보며 까딱 고개를 숙여 인사했다. 그러고는 셰익스피어에게 왼손을 내밀어 악수를 청한 후에, 네로 황제에게 싸늘한 시선을 보냈다.

"날 부른 게 자네였나, 윌리엄?"

베이컨 경이 시큰둥한 말투로 말했다.

"맞아."

셰익스피어가 대답했다.

"바로 여기 있는 바이올린 연주가 황제께서 〈오셀로〉의 원작자가 자네라고 주장하는 게 아니겠나? 그래서 해명을 위해 자넬 이곳으로 부른 걸세."

"그게 무슨 뚱딴지같은 소리인가?"

베이컨 경이 입을 열었다.

"내가 쓴 건 〈오셀로〉가 아니라 햄릿……."

"쉿!"

그 순간 셰익스피어가 미친 듯이 고개를 내저으며 말했다.

"입 다물게. 〈햄릿〉에 대해 딴죽을 건 사람은 아무도 없었다네. 이 건 순수하게 〈오셀로〉에 국한된 논쟁이라네."

"바이올린 연주가이자 전(前) 황제 폐하 나리!"

베이컨은 방안에 모여 있는 사람들이 모두 들을 수 있을 만큼 쩌 렁쩌렁한 목소리로 네로에게 말했다.

"뭔가 잘못 아신 모양인데, 〈오셀로〉는 내가 쓴 게 아니올시다."

"방금 똑똑히 들었지, 네로?"

셰익스피어가 의기양양하게 소리쳤다.

"그러게 내가 뭐라고 했나?"

"정 그렇다면 실수를 인정하겠어."

네로가 대답했다.

"그 문제에 대해서는 내가 사과하도록 하지. 헌데, 베이컨 경……."

네로가 베이컨을 향해 말을 이었다.

"내가 알아본 바에 따르면 〈오셀로〉의 필체가 당신의 멋진 이탈 리아식 필체와 동일하던데 말이오."

"아니, 나는 〈오셀로〉와는 일절 상관이 없어."

베이컨이 잘라 말했다.

"그 작품을 누가 썼는지도 전혀 아는 바 없다고."

"놈의 말에 말려들 것 없어."

셰익스피어가 귓속말을 베이컨에게 했다.

"해명은 그 정도면 충분하니까."

"그렇군."

네로가 낄낄대며 말했다.

"여기 있는 셰익스피어께서는 〈오셀로〉를 쓴 게 바로 본인이라고 주장하는데 말이야."

베이컨은 빙그레 웃으며 얼굴이 벌게진 셰익스피어를 향해 수긍하는 듯 고개를 끄덕여 보였다.

"윌리엄이야 늘 농담을 달고 사는 친구 아닌가."

베이컨이 말했다.

"안 그런가, 윌리엄? 우리가 〈햄릿〉으로 사람들을 얼마나 멋지게 속여 넘겼는지! 하하하. 정말이지 그건 희대의 사기극이었다고!"

"터무니없는 소리 하지 말게."

존슨이 말했다.

"자네가 〈햄릿〉을 쓰고도 그걸 자각하지 못한다면, 자네는 소크라테스보다는 얼간이에 더 가까운 것 같군. 내 입장에 대해 말하자면, 나는 베이컨 경, 자네가 〈햄릿〉을 썼다는 걸 믿을 수 없어. 난 셰익스

피어가 그걸 썼다고 믿네. 그리고 그건 원본의 필체를 보면 알 수 있다고."

"사실 셰익스피어는 내 서기였다네."

베이컨 경이 이야기했다.

"모든 진실을 알고 싶다면 알려주지. 〈햄릿〉을 '받아 적은' 것은 셰익스피어가 맞네. 하지만 불러 준 건 바로 나였다고."

"그 말은 인정할 수 없어."

셰익스피어가 말을 잘랐다.

"자네가 작품에 음울함과 무게감을 더할 수 있도록 일정 부분 조언해준 건 인정하겠네. 덕분에 등장인물이 죽는 것만 빼면 희극이나 다름없는 작품이 아니라 전체적으로 그럴싸한 비극 분위기가 나게 해주었으니 말이지. 하지만 그것만 빼면 자네의 역할은 전혀 없었다고."

"셰익스피어의 말에 동의하네."

에머슨이 끼어들었다.

"나는 일전에 셰익스피어의 자필을 본 적이 있지. 정말 지독한 악필이었다네. 정신이 멀쩡한 사람이라면 그렇게 글씨를 못 쓰는 사람을 서기로 고용할 리가 없지 않나. 베이컨, 자네가 뭐라든 소용없네. 우리도 알건 안다고. 게다가 나는 박식한 뉴잉글랜드(메인·뉴햄프셔·버몬트·매사추세츠·코네티컷·로드아일랜드의 미국 동부 여섯 개 주에 걸친 지역으로, 영국계의 이주민이 많이 살아온 곳이다-역주) 사람이란 말일세."

"알겠어."

베이컨은 논쟁의 결과 따윈 별 상관없다는 듯 어깨를 으쓱하며 말했다.

"자네들이 그렇게 믿고 싶다면 마음대로 하라고. 어차피 요즘은 셰익스피어가 딱히 돈이 되는 시대도 아닌데 그런 일로 말다툼해 봤자 다 무슨 소용이겠나? 〈햄릿〉을 쓴 건 바로 나고, 셰익스피어도 그걸 알고 있다네. 다른 이들도 마찬가지고 말이야. 마침 저기 월터 롤리 경이 오는군. 판단은 롤리 경에게 맡겨 보는 게 어떻겠나. 롤리 경은 세상에 모르는 게 없으니 말이지."

"난 이 문제에 대해 다른 이가 왈가왈부하게 내버려 둘 순 없다고."

셰익스피어가 골을 내며 말했다.

"무슨 문제라도 있소?"

롤리 경이 느릿하게 걸어오더니 큐대 보관함 아래에 놓인 의자에 앉으며 물었다.

"정치에 관한 이야기 중인가?"

"그렇진 않소."

베이컨이 말했다.

"우린 지금 〈햄릿〉의 저작권에 대한 해묵은 논쟁 중이라네. 윌리엄은 늘 그랬듯이 〈햄릿〉이 자기 작품이라는 주장을 굽히지 않고 있지. 이러다간 다음엔 창세기(Genesis, 구약성서의 첫 권으로 세상이 여호와에 의해 창조되었으며, 이스라엘 민족이 형성되는 과정을 담고 있다-역주)도 자기가 썼다고 우길 판이야."

"그거야 뭐 어쩌겠나?"

롤리 경이 웃음을 터뜨리며 말했다.

"윌리엄의 유머 감각에 대해서는 우리도 다들 알고 있지 않은가."

"그거야 그렇지."

네로가 끼어들었다.

"하지만 유독 〈햄릿〉 이야기만 나오면 저 친구가 저렇게 흥분하니 이번 기회에 그걸 누가 썼는지 우리도 확실히 알아야겠어. 베이컨이 말하길 자네는 진실을 안다던데."

"그렇다네."

롤리 경이 대답했다.

"그렇다면 이번에는 모두에게 확실히 밝혀 주게나."

베이컨이 말했다.

"나도 이제 그 논쟁은 지긋지긋하니까."

"내가 모두에게 말해도 되겠나, 셰익스피어?"

롤리 경이 물었다.

"이제 신경 쓰지 않을 테니 마음대로 하라고."

셰익스피어가 대답했다.

"자네가 정 진실을 말하겠다면 말이야."

"알겠네."

롤리 경이 시가에 불을 붙이며 대답했다.

"하늘에 한 점 부끄러움이 없이 진실을 말하자면, 사실 〈햄릿〉을 쓴 사람은 바로 나, 월터 롤리라네."

롤리 경의 말이 끝나자마자 방 안의 사람들은 일제히 미친 듯이 웃음을 터뜨려댔다. 방 안의 사람들은 앞다투어 베이컨 경의 이름으로 온갖 음료를 주문했고, 소란이 잦아졌을 때쯤 셰익스피어는 이미 문밖으로 조용히 모습을 감춘 뒤였다.

a houseboat on the styx

"난 지금까지 누구도 질투해 본 적이 없고,
앞으로도 그럴 테니까.
천성이 정직한 이에게 질투란 낯설기 짝이 없는 자질이거든.
예를 들어, 내 경우만 해도 그렇지.
내가 생전에 어떻게 살았는지 알고들 있나?"

# a houseboat
# on the styx

# The 3rd Game
# 워싱턴의
# 저녁 만찬을 사수하라!

　　'미국 건국의 아버지'로 사람들에게 추앙받는 워싱턴(George Washington, 1732~1799: 미국의 초대 대통령으로 미국 독립 전쟁에서 대륙군 총사령관으로 활동했다-역주)은 자신의 생일을 맞이하여 영혼연합회가 소유한 스틱스강의 하우스보트에서 성대한 만찬을 열기로 했다. 사교계의 소식통 주간지인 〈엘리시움〉(그리스 신화에서 영웅이나 선인이 사후에 가는 낙원이다-역주)은 그날 만찬을 위해 초대된 특별 손님들이 워싱턴의 생일 축하연을 빛낼 것이라고 보도했다.

　　이 초대 손님의 명단에 오른 이름으로는 허풍선이 남작(Baron Munchausen; 18세기 독일에서 살았던 군인이자 사냥꾼으로 자신이 겪은 모험에 거짓말을 섞어 황당무계한 이야기를 들려주는 이야기꾼으로 당대의 인기를 끌어모았다. 훗날 영국의 에리히 라스페와 독일의 뷔르거 등의 작가들이 그의 이야기를 책으로 엮어 출판했다-역주), 존슨 박사, 공자, 나폴레옹 보나파르트(Napoleon Bonaparte, 1769~1821: 코르시카 출신으로 프랑스 혁명 당시 이탈리아와 이집트 등에서 큰 승리를 거두고 1804년에는 황제로 즉위했다. 워털루 전투에서 패한 후 세인트헬레나섬으로 유배를 가서 사망했다-역주), 디오게네스(Diogenes, BC 412?~323: 헬레니즘 시대 견유학파의 대표적인 철학자이다. 가난하지만 부끄러움이 없는 자족 생활을 실천했다. 평생 옷 한 벌만 입고, 집 대신 통 안에서 살았다. 디오게네스가 일광욕하던 중에, 알렉산드로스 대왕이 찾아가 그에게 소원을 묻자, 디오게네스는 아무것도 필요 없으니 햇빛을 가리지 말고 비켜 달라고 했다는 일화는 매우 유명하다-역주), 프톨레마이오스(Ptolemy, 85?~165?: 그리스의 천문학자이자 수학자. 그리스 이론 천문학의 유산과 오리엔트의 관측 자료를 종합해서 정밀한 수리 천문학 체계를 집대성한 책 『알마게스트(Almagest)』를 완성했다-역주)가 있었다.

보즈웰 역시 참석자 중 한 사람이었지만, 그는 정식 초대 손님은 아니었다. 그에게는 구석에 따로 테이블이 하나 주어졌고, 테이블 위에는 도자기 접시, 은제 식기, 과일 접시 대신 산더미 같은 양의 종이와 펜, 그리고 잉크가 놓여 있었다. 기록자로서의 보즈웰의 임무는 그의 현생에서 끝난 것이 아니라, 사후에도 줄곧 이어지고 있었던 것이다.

만찬 요리는 일곱 시부터 차려질 예정이었고, 손님들은 그로부터 한 시간 동안 만찬이 준비되는 모습을 지켜보며 연회장을 여유롭게 거닐 수 있었다. 특별 메뉴로는 북미산 들오리구이와 식용거북, 양 구이가 준비되어 있었다. 그리고 요리사는 다름 아닌 브리야 사바랭(Jean Anthelme Brillat-Savarin, 1755~1826: 프랑스의 정치가이자 미식가. 프랑스와 미국에서 법관으로 활동했으나 미식 평론가로서 더 큰 명성을 얻었다. 저서로는 『미식 예찬(Physiologie du goût)』이 있다-역주)이었는데, 그가 이번 만찬에 낸 음식들은 정부가 특별 관리하는 조리시설에서 찾아낸 가장 성능이 뛰어난 오븐으로 조리된 것들이었다. 일찌감치 연회장에 나타난 워싱턴은 올리브와 셀러리, 와인을 각각 시식한 후에 카론에게 음식을 내 오는 방식에 대해 마지막 지시를 내렸다.

가장 먼저 온 손님은 공자였고, 그 뒤를 이어 디오게네스가 도착했다. 디오게네스는 다른 사람들에 비해 비교적 정직한 인품을 가진 공자를 발견하고는 몹시 반가워했다. 하지만 공자의 이름에 대해서는 다소 의구심을 품었는데, 그는 공자의 이름이 '버핀'이나 '터핀' 같은 느낌이라고 말했다(공자의 영어 표기는 Confucius이다-역주)

저녁 여덟 시가 되자, 그날의 쟁쟁한 초대 손님들이 배의 갑판 위에 편안히 자리를 잡았다. 장막 뒤에서는 모차르트(Wolfgang Amadeus Mozart, 1756~1791: 오스트리아의 작곡가이다. 궁정 음악가였던 아버지 레오폴트 모차르트에게 피아노와 바이올린을 배웠고, 그 후 요한 세바스티안 바흐의 아들인 요한 크리스티안 바흐에게서 작곡하는 법 및 지휘를 배웠다. 수많은 교향곡과 오페라, 소나타를 작곡했으며, '음악의 신동'으로 불리며 널리 존경받고 있다-역주)의 지휘 아래에 아름다운 오중주의 선

율이 흘러나왔고, 멋진 연회가 펼쳐지는 선상에서 손님들의 지적인 대화의 향연이 펼쳐졌다.

"아주 멋진 날이구먼."

존슨 박사가 올리브를 한 움큼 집어 먹으며 기분 좋게 말했다.

"맞아."

또 다른 초대 손님인 콜럼버스(Christopher Columbus, 1451? ~1506: 이탈리아 제노바 출신의 탐험가이자 항해가로 아메리카 대륙의 발견자이다. 에스파냐의 여왕 이사벨의 후원을 받아 항해를 시작했으며 1492년 오늘날의 아이티, 쿠바가 속해 있는 바하마 제도의 한 섬에 처음으로 상륙했다. 그는 이곳을 인도의 서쪽이라 믿었기 때문에 이 일대를 서인도 제도라 부르고, 이곳의 원주민을 인디언이라 불렀다. 콜럼버스의 서인도 항로의 발견으로 인하여 아메리카 대륙은 유럽 사람들의 활동무대가 되었다-역주)가 대꾸했다.

"정말 멋진 날이긴 해. 뭐, 10월의 어느 날(콜럼버스가 신대륙을 발견한 것을 기념하는 '콜럼버스 데이', 즉 10월 12일을 말한다-역주)과는 비교도 안 될 만큼 초라한 날이지만 말이야."

"아직도 그것 때문에 맘이 상해 있는 겐가?"

공자가 칼끝으로 소금에 절인 아몬드를 자르려고 애쓰며 말했다.

"그런 건 아니네."

콜럼버스가 차분하게 대답했다.

"난 워싱턴에게 질투 따위는 하지 않아. 미국 건국의 아버지는 워싱턴이지, 내가 아니니까. 내가 이곳을 발견했을 때 미국은 천애 고아나 마찬가지였지. 나는 미국에 아버지나 어머니가 생기기도 전부터 이미 이곳에 대해 알고 있었다고. 당시 이곳은 부모는커녕 자매가 되어 주려는 이조차 없었지. 하지만 미국을 접수해서 공들여 갈고 닦은 이가 바로 조지 워싱턴이었어. 필요할 때는 엉덩이를 찰싹찰싹 때려 주기도 하면서 말이지. 워싱턴이 미국의 기반을 잘 닦아 놓은 덕분에 내 이름이 이렇게라도 알려지게 된 것 아니겠나? 그러니 내가 워싱턴을 질투할 이유가 없지.”

“다른 사람들을 질투하는 심리에 대해서 나는 도무지 이해할 수가 없어.”

디오게네스가 입을 열었다.

“난 지금까지 누구도 질투해 본 적이 없고, 앞으로도 그럴 테니까. 천성이 정직한 이에게 질투란 낯설기 짝이 없는 자질이거든. 예를 들어, 내 경우만 해도 그렇지. 내가 생전에 어떻게 살았는지 알고들 있나?”

“나야 모르지.”

존슨 박사는 보즈웰이 자신의 말을 놓치는 일이 없도록 그에게 고개를 돌려 눈을 찡긋하고는 입을 열었다.

“자네가 살던 시절에 나는 존재하지도 않았으니까.”

보즈웰은 킥킥 웃으며 알았다는 듯이 고개를 끄덕였다. 그런 다음 존슨 박사가 했던 말을 〈사교계 소식〉에 받아 적었다.

"그 말이 맞긴 하지만, 나에 대해 모르는 게 자랑은 아니지."

디오게네스가 응수했다.

"도서관에 가서 책이라도 읽으면서 머릿속에 지식이라는 걸 좀 채워보는 게 어떻겠나. 어쨌든……, 나에 대해서 말하자면 나는 생전에 통 속에서 살았지. 만일 내게 질투라는 감정이 있었다면, 넓은 마당과 대출금이 딸린 대저택에서 사는 이들을 부러워했을 테지. 안 그런가?"

"나라면 통 안에서 사느니 대출금이 있더라도 대저택에서 살겠어."

보나파르트가 오만한 말투로 말했다.

"자네라면 충분히 그럴 줄 알았어."

디오게네스가 입을 열었다.

"자네는 대출금 따위는 가볍게 무시해 버릴 테니까. 하지만 나라면 안 그러겠어. 우선, 내 통 안은 아주 아늑하고 따뜻하지. 하지만 대저택은 여름에만 좀 시원할 뿐, 그 외의 계절에는 얼음장처럼 싸늘해서 언제나 덜덜 떨어야 하지. 그런 고질적인 추위 문제는 늘 집주인들의 골칫거리라고. 그리고 대저택과는 달리 내가 사는 통 안에는 배관이 없어서 배관 시설이 고장 나서 골머리를 썩일 필요도 없어. 게다가 높다란 층계도 없으니 식사를 마친 후나 밤늦게 집에 왔을 때, 엄청나게 많은 계단을 끙끙대며 올라갈 필요도 없지. 어디 그뿐이겠어? 현관의 열쇠 구멍에 딱 맞는 열쇠를 찾기 위해 아흔아홉 번쯤 헛손질하

다 밤늦게야 겨우 집에 들어가게 되는 울화통 터지는 상황을 겪을 일
도 없다고. 또, 내 통은 이웃들과 나란히 붙어 있는 대저택과 달라서
이웃과의 관계에 얽매일 필요도 없다는 말씀이지. 생각해 보게나. 혹
시 나를 헐뜯는 이웃이 있다면 나는 그저 내 통을 짊어지고 더 괜찮
은 이웃이 있는 곳으로 이사를 가면 그만이란 말일세. 한마디로 입지
때문에 내 집의 가치가 하락할 가능성이 전혀 없다는 말이지. 그리고
세금을 낼 필요도 없고, 내 집을 털기 위해 안달 내는 강도도 없다 이
말씀이지. 그러니 내가 대저택에 사는 이들에게 질투를 느낄 이유가
대체 뭐가 있겠나? 여기 모인 신사분들, 나는 철학자라네. 그리고 철
학은 질투라는 감정 자체를 없애준다네. 다행스럽게도 이 몸은 그 사
실을 일찌감치 깨달았지."

"자네의 주장은 충분히 일리가 있군."

공자가 입을 열었다.

"하지만 다른 측면도 고려해 봐야 하지 않겠나? 나처럼 천성적으
로 덕이 많고 고귀한 사람은 이웃에게 비방을 받을 일도 없을 테니
말이지. 그런 사람들은 어디에 살든 상관없이 그 사람이 사는 곳 자체
가 명소가 될 거라네. 그러니 자네의 주장은 고드름을 끓여서 수프를
만들어 먹었다는 것만큼이나 뜬구름 잡는 이야기라고."

"자네가 잘 모르는 모양인데 고드름 수프는 기가 막힐 정도로 맛
이 좋다네."

허풍선이 남작이 입을 쩝쩝 다시며 입을 열었다.

"내가 극지방에 갔을 때 고드름 수프를 곧잘 먹곤 했더랬지."

"오호, 물론 그랬겠지."

존슨 박사가 끼어들었다.

"자네는 아프리카에서 피라미드를 튀겨먹기도 했으니 말이지. 안 그런가?"

"피라미드를 먹은 건 딱 한 번뿐이었어."

허풍선이 남작이 차분한 목소리로 말했다.

"사실 맛있다는 말은 차마 못 하겠군. 소화가 정말 안 되었거든."

"그랬단 말이지. 피라미드에 대해서라면 나도 좀 경험이 있지."

프톨레마이오스가 말했다.

"적어도 자네는 그걸 먹진 않았을 테지. 안 그런가, 프톨레마이오스?"

나폴레옹이 물었다.

"요리된 건 모를까 적어도 날것은 안 먹었다고."

프톨레마이오스가 낄낄대며 말했다.

"스핑크스의 앞다리 구이라면 또 모를까."

그 말에 다들 웃음을 터뜨렸으나 허풍선이 남작만은 웃지 않았다.

"다들 참으로 딱하기 짝이 없군."

모두의 웃음이 잦아들자 허풍선이 남작이 조용히 입을 열었다.

"자네들은 영혼이 되어서도 여전히 세속적인 편견을 고수하고 있군. 앞뒤가 꽉 막힌 몇몇 사람들이 내 이야기가 터무니없다고 주장한다고 해서 자네들마저 그렇게 생각하다니 애석한 일이야. 하지만 자네들이 내 말을 믿건 말건 상관없어. 그렇다고 해서 내가 피라미드 하나를 튀겨 먹고, 고드름 수프를 셀 수 없이 먹었다는 사실이 변하는 건 아니니까. 그리고 고드름 수프는 공자가 연회에서 선보인 방울뱀 요리보다 훨씬 뛰어난 음식이었다고."

"헌데 오늘 밤에 셰익스피어는 왜 안 보이는 거지?"

허풍선이 남작이 울화통을 터뜨리기 시작하자, 공자는 분란을 피하려고 재빨리 대화 주제를 바꾸었다.

"셰익스피어는 초대하지 않은 거요, 장군?"

"초대했소."

워싱턴이 대답했다.

"하지만 그는 불참했다오. 그 친구는 뉴욕에서 조직된 서명 회사와 논의할 일이 있다며 스틱스강 너머 인간 세상으로 갔소. 다들 알고 있겠지만, 셰익스피어의 서명은 한 장에 천 달러씩 팔리고 있지. 그래서 그 회사는 셰익스피어로부터 매주 서명을 하나씩 받아서 그걸 대중에게 팔 음모를 꾸미는 중이라오. 제법 돈이 될 만한 계획처럼 보이긴 하지만, 실은 그게 그리 녹록하지만은 않다오. 사후서명이란 게 시장에서 쉽게 볼 수 있는 물건도 아닐뿐더러, 인간들은 사후서명의 진위를 믿지도 않으니까 말이오. 하지만 서명 회사에서는 이 문제를 극복하기 위해 안간힘을 쓰고 있지. 그치들은 어떻게 해서든 기지를 발휘해서 그 문제를 해결할 수 있다고 믿는 모양이더군. 미국인들은 창의적인 면에서는 가히 천재적인 재능을 보이니 말이오."

"자네가 거짓말할 줄 모른다는 이야기(워싱턴이 어린 시절, 벚나무를 자른 후에 아버지에게 정직하게 그 사실을 이야기했다는 유명한 일화를 말하고 있다-역주)도 사실은 미국인들이 다 꾸며낸 이야기지. 안 그런가, 워싱턴?"

디오게네스가 물었다.

워싱턴은 이 말에 동의하듯 빙그레 웃어 보였고, 존슨 박사는 다시 셰익스피어에 대한 이야기로 화제를 돌렸다.

"나는 셰익스피어의 서명보다 차라리 나팔꽃 덩굴이 백배 천배 낫다고 생각해. 적어도 나팔꽃 덩굴은 셰익스피어의 악필보다 훨씬 예쁘고 읽어보기도 쉬우니까."

존슨이 비꼬듯 말했다.

"글쎄, 과연 인간들도 그렇게 생각할까?"

나폴레옹이 말했다.

"하여간 인간이란! 참으로 멍청한 족속들이라니까."

존슨이 낄낄대며 말했다.

그때, 북미산 통오리구이 요리가 손님당 한 마리씩 접시에 담겨 나왔다.

"자, 다들 드십시다."

허기진 눈으로 먹음직스러운 통오리구이를 내려다보던 워싱턴이 입을 열었다.

"통오리구이 앞에서 무슨 대화가 더 필요하겠소."

"우리 연회 주최자께서 이리도 인정이 깊으시니 참으로 황송하기 짝이 없군."

공자가 진수성찬 앞에서 허리띠를 주섬주섬 풀어헤치며 말했다.

"지금까지 정찬에 참석한 적은 많았지만, 대화 따윈 접어두고 통 오리구이나 마음껏 들라고 한 이는 자네가 처음이라네. 자, 다들 건배 하세나. 생일을 맞아 워싱턴 장군의 파란만장한 인생이 계속되기를! 그리고 우리의 삶에도 즐거운 연회가 가득하기를!"

건배하고 잔을 비우자마자 일행은 음식을 들기 시작했다.

"요리가 정말 훌륭하군. 안 그런가?"

나폴레옹이 허풍선이 남작에게 낮은 목소리로 말했다.

"음, 나쁘진 않군."

허풍선이 남작이 대꾸했다.

"난 어째서 인간들이 북미산 야생오리의 동상을 만들지 않는 건 지 도무지 이해를 못 하겠다니까."

"여기 모인 이들 중에서 북미산 야생오리를 질릴 만큼 먹어 본 사 람이 있나?"

존슨 박사가 물었다.

"나일세. 딱 한 번 배가 터지도록 먹어 본 적이 있지."

허풍선이 남작이 대답했다.

"이런, 또 자네인가?"

프톨레마이오스가 피식 웃으며 말했다.

"하긴 자네가 못해 본 게 뭐가 있겠나."

"볼거리(볼거리 바이러스에 의한 감염으로 발생하는 급성 유행성 전염병-역주) 빼고는 다 해봤지."

허풍선이 남작이 톡 쏘아 말했다.

"어쨌든 북미산 야생오리를 배가 터질 정도로 먹어 본 적이 한 번 있는 건 틀림없는 사실이라고."

"배가 터질 정도로 오리고기를 먹으려면 돈푼 꽤나 들었을 텐데."

나폴레옹이 말했다.

"하긴, 자네처럼 심심찮게 기적을 일으키는 사람이라면 싼값에 먹었겠지만 말이야. 만일 내가 온갖 기적을 행할 수 있었다면 적어도 세인트헬레나섬에서 그렇게 죽지는 않았을 텐데."

"자네가 어디서 죽었든 그게 무슨 상관인가?"

존슨 박사가 말했다.

"자네가 세인트헬레나섬에서 죽었건, 아니면 다른 곳에서 죽었건 간에 자네가 죽음이라는 고약한 경험을 한 것은 변함이 없다고."

"자자, 죽음에 관한 이야기는 그만하지."

워싱턴이 끼어들었다.

"그보다 허풍선이 남작이 어떻게 배가 터지도록 오리구이를 먹게 되었는지에 대한 이야기가 더 흥미로울 것 같네."

"들으나 마나 아주 황당무계한 이야기일 게 뻔하지."

존슨이 말했다.

"그 사연은 이러하다네."

허풍선이 남작은 존슨의 빈정거림에도 아랑곳하지 않고 이야기를 시작했다.

"그건 내가 사냥을 하러 나간 어느 날의 일이었지. 그런데 불행히도 내 하인이 병이 나서 드러누웠지 뭔가. 그 하인은 평소에 내 탄약통을 채우는 일을 도맡아서 해주었던 친구인데 말일세. 그 친구가 앓아누운 덕분에 나는 사냥할 때 챙겨야 할 탄약의 양을 과소평가한 채 홀로 사냥을 떠났지. 나는 아침 여섯 시에 출발했다네. 하지만 몇 달 만에 나선 사냥이라 몸이 다소 둔해진 듯했고, 한동안 사냥감도 나타나지 않더군. 지루해진 나는 시험 삼아 소나무 꼭대기나 쏘아 맞혀 볼까 해서 숲에 있는 소나무 맨 꼭대기의 뾰족한 끝을 향해 총을 겨누었다네. 비록 좀 녹슬었다고는 하나 내 귀신같은 사격 실력이 어디 가겠어? 나는 백 한 발 중 아흔아홉 발을 쏘아서 숲에 있는 아흔아홉 그루의 소나무 _끄트머리_를 차례차례 명중시켰지. 하지만 산들바람에 소나무 꼭대기가 앞뒤로 흔들리는 바람에 마지막 두 발은 아슬아슬하게 빗나가고 말았지. 그렇게 내가 백한 번째 총알을 막 발사한 참이었지. 그 순간, 나는 눈앞에서 한 무리의 북미산 야생오리 떼가 평온한 만(bay: 바다가 육지 쪽으로 들어와 있는 지형-역주) 위에서 둥실둥실 우아하게 떠다니는 걸 보았지 뭔가!"

"그 만이라는 곳이 혹시 비스케이만(Bay of Biscay: 에스파냐의 북

서부 오르테갈 곶에서 프랑스의 브르타뉴반도 서쪽 끝에 이르는 대서양 연안의 만. 프톨레마이오스가 2세기에 쓴『지리학(geography)』에 수록된 세계지도에는 비스케이만의 위치가 표시되어 있다. 프톨레마이오스의 지도에는 수많은 오류가 있었지만, 콜럼버스는 그의 책에 따라 서쪽으로 계속 가면 인도에 닿을 수 있다는 믿음을 가지고 역사적인 항해에 나섰다-역주) 아니었소?"

콜럼버스가 프톨레마이오스를 향해 슬며시 웃으며 말했다.

"나는 그 오리들의 수를 세어 보았지."

허풍선이 남작은 콜럼버스의 말을 무시한 채 이야기를 이어나갔다.

"오리들은 정확히 예순여덟 마리였어. '자, 드디어 전설적인 사냥 기록을 남길 때가 왔군.' 나는 이렇게 혼잣말을 했지. 그러고 나서 그 오리들을 향해 총을 쏠 준비를 했어. 그런데 아뿔싸, 이런 낭패가 있나! 화약은 넘치도록 충분한데 총알이 단 하나도 남아 있지 않은 게 아니겠나. 다들 상상해 보라고. 토실토실 살이 오른 예순여덟 마리의 북미산 야생오리들을 코앞에 두고서 총알이 없어 총을 못 쏘는 이런 어처구니없고 맥 빠지는 상황을 말이야. 하지만 나는 저기 있는 오리들을 한 마리도 남김없이 손에 넣겠다고 마음먹었지. 한데 어디 뾰족한 수가 있어야지. 도무지 오리들을 잡을 방법이 떠오르지 않아서 나는 물가로 가서 사색에 잠겼지. 내가 한창 생각에 잠겨 있을 때, 바로 앞의 해변에 큼지막한 굴 하나가 있는 게 눈에 들어왔지. 생각하느라 몹시 허기가 져 있던 나는 그 굴을 보자마자 냉큼 까서 꿀꺽 삼켜버렸다네. 한데 목에서 뭔가가 막힌 거야. 컥컥거리며 목에 걸린 걸 뱉었더니 세상에, 영롱한 진주알 하나가 나오더란 말이지. 그 진주를 본 순간 나는 수천 달러의 가치가 있는 진주를 얻었으니 횡재했다고 생각했지. 하지만 뼛속까지 열렬한 사냥꾼인 내 눈앞에는 여전히 그 오리들이 유유히 헤엄치고 있었고, 나는 도무지 그 오리들을 포기할 수 없었다네. 바로 그 순간, 어떤 생각이 번개처럼 나를 스쳐 갔지. 그 진주는 아주 큼지막하고 둥글둥글했어. 마치 총알처럼 말이지. 그렇다면 그 진주를 총알 대신 쓰지 말라는 법이 어디 있겠나? 그러자 머릿속에서 온갖 생각들이 꼬리를 물고 떠올랐어. 하지만 총알은 단 하나뿐인데 오리는 예순여덟 마리나 되니 이 일을 어쩐담……. 이윽고 떠오른 생각은 이랬지. '그래. 총알 하나로 오리들을 몽땅 잡으면 되잖아! 물론 가능성이 지극히 낮긴 하지만 아예 불가능한 일은 아니니까.' 나는 즉시 종이 한 장과 연필을 꺼내어 '우연의 법칙(『우연의 법칙(The Doctrine of Chances)』은 확률 이론에 대한 최초의 저서로 18세기 프랑스의 수학자 아브라함 드 무아브르(Abraham de Moivre)가 집필했다-역주)을 바탕으로 계산을 재빨리 해보았지. 그랬더니 앞으로 2주 안의 어느 시점에 이 오리들이 일렬로 나란히, 즉 일렬종대 형태로 헤엄을 치는 순간이 있을 거라는 답을 얻어냈지. 그래서 나는 오리들이 일렬로 헤엄치는 바로 그 찰나의 순간을 기다리기로 했지. 나는 총에 진주를 장전하고는 첫 번째 오리를 맞추었을 때 나머지 오리들을 차

레차례 뚫고 나갈 수 있을 만큼 충분한 화약을 넣었다네. 세부적인 이야기를 시시콜콜하게 하는 건 지루할 테니 중간 과정은 생략하도록 하지. 어쨌든 결론부터 말하자면, 내가 기대했던 바가 정확히 이루어졌다네. 나는 한 주하고도 여섯 날을 기다렸고, 마침내 결전의 순간이 다가왔지. 때는 자정이었지만 다행히도 보름달이 환하게 바다 위를 비추고 있어서 내 눈에는 모든 게 대낮처럼 훤히 보였다네. 오리들이 마침내 일렬로 나란히 정렬한 바로 그 순간, 나는 첫 번째 오리를 조준한 채 방아쇠를 당겼지. 그러자 오리들이 꽥 소리와 함께 앞에서부터 차례차례 나자빠졌지. 내 진주가 예순여덟 마리 오리를 모두 관통했던 게지."

허풍선이 남작이 말을 마치자, 조용히 듣고 있던 보즈웰은 얼굴이 시뻘게졌다.

"에헴!"

존슨 박사가 헛기침했다.

"잘 들었네. 하지만 진주를 잃은 건 안타깝게 됐군."

"그건 말이지,"

허풍선이 남작이 입을 열었다

"재밌는 건 지금부터라고. 이 몸은 진주를 잃어버리지 않기 위해서 계산을 진즉에 끝내 놓았다는 말씀이지. 화약의 양을 계산할 때 나는 진주가 예순일곱 번째 오리를 지나서 마지막 오리의 가운데 부분에 박히도록 계획했거든. 그리고 내 계산은 아주 정확했지. 나는 예순

일곱 마리 오리를 진주로 관통시킨 후, 예순여덟 번째 오리의 심장 한 가운데 박힌 진주를 찾아내는 것으로 완벽하게 내 임무를 마무리했지. 진주는 약간 더러워지긴 했지만, 여전히 왕의 몸값에 비할 만한 가치는 되었지."

허풍선이 남작의 말에 나폴레옹은 어이없다는 듯이 너털웃음을 터뜨렸고, 다른 초대 손님들도 믿을 수 없다는 듯 얼굴을 잔뜩 구겼다.

"이보시오, 남작. 자네는 이 이야기가 진심으로 진짜라고 믿고 있나?"

공자가 물었다.

"믿지 못할 건 또 뭐겠나?"

허풍선이 남작이 되물었다.

"내 이야기에 불가능한 부분이 있으면 말해 보라고. 도대체 어딜 봐서 못 믿겠다는 건가? 자, 다들 여기 워싱턴 대통령을 주목하게. 우리 중에서 워싱턴만큼 진실에 대해서 잘 아는 이가 또 누가 있겠나? 워싱턴은 내 말을 진심으로 믿고 있다고. 여기 모인 이들 중에서 나를 영예로운 이로 대접해 주는 건 워싱턴밖에 없군."

"워싱턴이야 이 연회의 주최자니 어쩔 수 없지."

존슨이 어깨를 으쓱하며 말했다.

"좋아. 그럼 워싱턴. 자네에게 단도직입적으로 묻겠네."

남작이 입을 열었다.

"자네가 연회의 주최자가 아니라서 손님에게 예를 갖출 의무가 없다고 가정하고, 자네의 솔직한 생각을 말해 주게나. 자네는 내가 거짓말을 하고 있다고 생각하나?"

"친애하는 허풍선이 남작."

워싱턴 장군이 입을 열었다.

"부디 그런 질문을 하지 말게. 나는 그 질문에 답할 권한이 없으니까. 나는 설령 거짓말을 듣는다 하더라도 그것이 참인지 거짓인지는 알 수 없네. 자네의 이야기가 진실이라고, 자네가 그토록 우긴다면 물론 나는 그걸 믿을 수밖에 없지. 허나 내가 자네라면 말이지……. 자네가 발견했다는 그 진주나, 하다못해 자네가 잡은 오리의 가슴뼈 하나라도 우리에게 보여주지 못할 거라면 그 이야기는 두 번 다시 입에 담지 않겠네."

워싱턴의 말에도 불구하고 토론이 점점 더 격해지자, 워싱턴은 카론을 불러 나룻배 한 척을 가져오라고 일렀다. 그러고는 손님들이 강 건너 인간 세계로 가서, 런던의 한 극장에서 열리는 보드빌(1890년대 중반부터 1930년대 초까지 미국에서 유행한 버라이어티쇼의 일종. 무용수와 가수를 비롯해 배우와 곡예사, 마술사 등이 출연하여 공연을 펼쳤다-역주) 공연에 영혼의 모습으로 출몰할 수 있도록 그들을 태워다 줄 것을 요청했다.

a houseboat on the styx

"정말 조악하기 짝이 없는 연극이군.
그런 상황에 대해 시인이라면 응당 이렇게 말했을 거야.
'오 햄릿, 햄릿, 그대의 이름으로 이렇게 끔찍한 악행이
저질러지다니!'라고 말이지."

# a houseboat
# on the styx

# The 4th Game
# 새로운 극을
# 제안하라!

은빛으로 반짝이는 스틱스강의 매끈한 수면 위에 곤돌라와 카누, 그리고 여타의 배들이 그림처럼 떠다니는 아름다운 밤이었다. 스틱스강 위를 떠다니는 여러 척의 배를 바라보던 카론은 고수익을 안겨주는 은행 계좌라도 손에 넣은 것처럼 뿌듯함을 느꼈다.

하우스보트 안에는 이미 일행이 가득 모여 있었다. 그저 여흥을 즐기러 온 이들도 있었고, 영혼위원회에서 주최한 흥미로운 논쟁을 보기 위해 참석한 이들도 있었다. 그 논쟁은 원로 회원인 노아(Noah: 창세기 6~8장에 등장하는 인물. 인간의 타락에 분노한 신이 인간을 파멸하기로 하고 엄청난 홍수를 내린다. 홍수에 대비하여 신은 신앙심 깊은 노아에게 노아와 그의 아들들, 며느리들이 세상의 모든 동물의 암수 한 쌍씩과 함께 탈 수 있는 커다란 방주를 만들라고 명했다. 그 뒤 비가 40일 동안이나 밤낮으로 내려 방주에 탄 사람들을 제외한 인류 전체가 물에 빠져 죽었다고 한다-역주)와 근래에 엄청난 인기몰이를 하는 흥행술사 P.T. 바넘 (P.T Barnum, 1810~1891: 미국의 흥행술사이자 정치인, 사업가이다. 그가 1871년에 창단한 '지상 최대의 쇼(The Greatest Show On Earth)' 서커스단은 현대 서커스의 원조라 할 정도로 다양한 볼거리와 규모를 자랑했으며 유럽 순회공연을 다닐 정도였다. 바넘은 대중 엔터테인먼트의 공급자로서 후대 엔터테인먼트 사업에 큰 영향을 미쳤다-역주)이 펼치는 논쟁으로, 둘의 열띤 논쟁을 관람하기 위해 다수의 방청객이 몰려들었다.

이날 영혼위원회가 내건 논쟁의 주제는 '바넘이 만들어 낸 가짜 동물들(바넘은 죽은 원숭이와 물고기를 이어 붙인 것을 피지 인어(Fejee Mermaid)라고 명명한 후 이를 전시하며 대중들을 속이기도 했으며, 특이한 신체 부위를 가진 사람이나 동물 등을 보여주는 프릭쇼(freak show)를 제공하기도 했다-역주)과 노아의 홍수 이전에 존재하던 동물들 중 어느 쪽이 쇼의 볼거리로 더 매력적인가'하는 것이었다. 토론의 결과는 매우 의외였다. 바넘은 자신이 만들어 낸 가짜 동물들이 가진 장점을 제대로 설명하지 못했는데도, 많은 이들이 바넘의 손을 들어 주었다.

그 이유는 이 토론을 진지하게 생각하지 않고 그저 재미로 구경 삼아 온 사람들이 바넘에게 대거 찬성표를 던졌던 탓이다. 토론의 과정은 아직 공식 서기에 의해 기록되지는 않았지만, 서기가 기록을 끝내는 대로 대중에게 공개될 예정이었다.

토론이 끝나자, 여흥을 즐기러 왔던 한 무리의 영혼들은 곧장 흡연실로 모여들었다. 사실 이 흡연실은 어느 익명의 영혼이 고안해 낸 것으로, 매우 참신한 발명품이었다. 흡연실을 발명한 이는 제삼자를 통해 흡연실에 대한 모든 권리를 클럽에 양도함으로써 무명의 과학자 역할을 자처했다.

이 흡연실의 설계방식은 지극히 단순했지만, 놀랍게도 물질세계의 그 누구도 그것을 실현해 내지 못했다. 흡연실의 작동방식은 이러했다. 우선 고용된 인부들이 하우스보트 내에 있는 대형화로 안에 쉴 새 없이 삽으로 담배를 퍼 넣고 연소시킨다. 대형화로에서 나온 담배 연기는 온풍로(석탄, 중유 등의 연소열로 직접 공기를 가열하는 장치-역주) 원리를 통해, 가스나 물을 보관하듯 전용 저장고에 보관되도록 고안되어 있었다.

대형화로에서 연소하여 파이프를 통해 저장고에 저장된 담배 연기는 끝부분에 호박색 흡입구가 달린 열두 개의 고무 튜브 관과 연결되어 있었고, 담배 연기를 마시고자 하는 이들은 호박색 흡입구를 통해 연기를 들이마실 수 있었다.

각각의 호박색 흡입구에는 소모한 담배 연기의 양을 측정할 수 있는 자그마한 측정기가 달려서 담배 연기를 들이마신 이는 자신이 마신 연기의 양만큼 비용을 지급하게 되어 있었다. 이처럼 담배 연기를 직접 흡입하는 방식은 세 가지 면에서 장점이 있었다. 우선 담뱃재가 전혀 생기지 않으며, 둘째, 다 피우지 못하고 아깝게 버리는 담배

꽁초가 나오지 않기 때문에 그만큼 비용을 절감하는 효과가 있었다. 그리고 마지막으로 담배로 인해 야기될 수 있는 위험성을 피할 수도 있었다.

이날 저녁, 셰익스피어와 키케로(Marcus Tullius Cicero, BC 106~43: 로마의 웅변가이자, 정치가. 철학자이다. 수사학의 대가이자 고전 라틴 산문의 창조자이며 동시에 완성자로 인정받고 있다-역주), 헨리 8세 (Henry VIII, 1491~1547: 잉글랜드 튜더 왕가의 혈통으로 복잡한 여성 편력과 여섯 번의 결혼으로 유명하다. 특히 앤 불린과의 결혼을 위해 대신과 의회를 종용하여 정비인 캐서린 왕비와 이혼한 것은 유명한 일화이다. 헨리 8세는 재위 기간 중 종교 개혁, 영국 국교회 수립, 정치적 중앙집권화 등의 성과를 거두었다-역주), 존슨 박사를 비롯한 몇몇 영혼들은 이토록 신박한 흡연실을 마음껏 이용하는 중이었다. 물론 보즈웰 역시 노트를 든 채 그 자리를 지키고 있었다. 담배 연기를 들이마시던 몇몇 영혼들은 그 자리에 보즈웰이 있다는 사실이 몹시도 거슬렸다.

"자네는 위층 토론장에 있어야 하지 않나, 보즈웰."

위대한 전기 작가 보즈웰이 자신이 존경하는 존슨 박사 뒤에 자리를 잡고 앉자, 셰익스피어가 보즈웰을 쳐다보며 아니꼬운 목소리로 말했다.

"자네가 기고하는 시시콜콜한 가십 지에서는 노아와 바넘 사이의 논쟁에 관한 기사 따원 원치 않나 보군."

"그건 아닙니다."

보즈웰이 입을 열었다.

"하지만 가십 지는 언제나 그날의 가장 흥미로운 기삿거리를 찾아 헤매지요. 그리고 오늘 저녁에 이곳에서 흥미진진한 일이 있을 거라고 존슨 박사님이 제게 귀띔해 주었지요. 그래서 제가 여기 있는 거랍니다."

"그 말을 할 필요는 없잖나, 보즈웰."

보즈웰의 예기치 못한 폭로로 존슨 박사가 눈에 띄게 당황한 기색을 보이며 말했다.

"자네는 정말이지 말이 너무 많다니까."

"잘했어, 보즈웰."

키케로가 말했다.

"방금 존슨 박사가 한 말을 그대로 받아 적어서 잡지에 신도록 하게. 존슨이 이번 주에 한 말 중 가장 기록할 만한 가치가 있는 말이니까."

그러자 보즈웰은 멋쩍게 웃으며 말했다.

"어쩔 수 없군요. 존슨 박사님. 하지만 박사님께서 그 말을 한 건 사실이니까요. 그걸 증명할 수도 있습니다. 오늘 이 자리를 위해 박사님께서 준비해 온 말이 있다고 제게 귀띔하셨잖아요. 기억하시나요? 박사님께서는 셰익스피어에게서 '영어는 창조된 언어 중에서 가장 위대한 언어다'라는 말을 하도록 끌어낸 다음에, '그렇다면 왜 영어를 제대로 배우지 않았느냐'고 그에게 핀잔을 줄 계획이라고 했잖습니까(셰익스피어는 새로운 영어 어휘와 표현을 통해 '셰익스피어 영어'를 만들어 냈다는 점에서 그 의의가 크다. 당시 영어는 영국에서만 사용되었고, 영국에서조차 틀이 잡히지 않은 언어였다. 하지만 당시 극작가였던 셰익스피어는 영어로 된 다수의 희곡을 썼고, 그것이 오늘날 현대영어의 기초를 이루었다. 이런 이유로 셰익스피어를 현대영어의 아버지라고 일컫는다. 하지만 그가 쓴 영어는 문법을 파괴한 독특한 문장들이 많은데, 존슨 박사는 셰익스피어의 그러한 문법적 오류를 지적하고 있다-역주)"

"여기서 당장 꺼지라고, 이 멍청한 녀석아!"

보즈웰의 폭로에 잔뜩 화가 난 존슨 박사는 보즈웰을 향해 고래고래 소리를 질러댔다.

"너 때문에 뇌출혈로 쓰러질 지경이니까."

"박사님의 출세에 발판이 되어 준 셰익스피어를 비난하실 생각은 아니신 거죠?(사무엘 존슨은 1765년에 셰익스피어 전집을 출판하고, 그 서문에 셰익스피어론을 실었다. 사무엘 존슨의 셰익스피어 연구는 그의 주요 업적 중 하나로 높이 평가받고 있다-역주) 그렇지요, 박사님?"

보즈웰이 진심을 담아 물었다.

"뭐라고? 방금 뭐라고 했나!"

존슨 박사가 길길이 날뛰며 소리쳤다.

"내가 셰익스피어를 발판삼아 출세했다고? 맙소사! 감히 네놈이 그런 말을? 이런 세상에! 그래, 결국 이렇게 되고야 말았군!(That it should come to this!: 이 대사는 〈햄릿〉 1막 2장에서 아버지인 왕이 죽은 후, 어머니인 왕비가 고작 두 달도 되지 않아 왕의 동생과 재혼한 일을 한탄하며 내뱉는 대사이다-역주) 당장 이 방을 나가게! 누가 누구를 발판으로 삼았다니! 문학계에 있어서 최고의 위치에 있는 나, 사무엘 존슨에게 감히 출세의 발판 운운하다니! 당장 내 눈앞에서 꺼지게. 내 말 안 들리나?"

존슨의 역정에 보즈웰은 힘없이 일어서더니, 두 뺨을 눈물로 적신 채 방을 떠났다.

"한 방 먹은 건 자네인 것 같군, 존슨 박사."

키케로가 토가(toga: 고대 로마인들이 몸에 둘러 입었던 긴 옷-역주)를 몸에 걸치며 말했다.

"이 사태를 수습하려면 샴페인 세 상자는 주문해야 할 걸세."

"보즈웰이 다시 한번 내게 저런 고약한 소리를 한다면 난 보즈웰의 후손들 이름으로 샴페인 세 상자를 주문하겠어."

존슨 박사가 화가 나서 부들부들 떨며 대꾸했다.

"놈이야말로 나를 발판삼아 출세한 주제에⋯⋯. 나 원 참, 가소롭기 짝이 없군(보즈웰은 사무엘 존슨을 스승으로 모시고 따라다니며, 그의 행동과 태도, 습관 등을 세밀하게 관찰하여 기록해 두었다. 이뿐만 아니라, 존슨이 남긴 좌담록과 편지 등 방대한 자료를 모으기도 했다. 존슨이 사망한 후에 보즈웰은 사무엘 존슨의 전기인 『존슨전(Life of Samuel Johnson)』을 발표했다, 존슨에 대한 경애심과 풍부한 자료를 바탕으로 한 그의 책은 영국 전기문학의 걸작으로 평가받고 있다-역주)."

"그건 맞는 말이야. 그러니 웃을 수밖에."

셰익스피어가 건조한 말투로 말했다.

"하지만 자네가 심했어, 존슨. 보즈웰은 자네에게 아주 중요한 인물이잖나. 그 친구는 자네의 탁월함을 알아보는 안목이 있는 친구라고."

헨리 8세가 말했다.

"그건 그렇지. 확실히 보즈웰에게 후각이나 청각보다 백배 나은 게 있다면 그건 바로 뛰어난 안목이지. 나를 우러러보거든."

존슨 박사가 말했다.

"보즈웰이 자네를 객관적으로 보는 안목을 가지면 좋을 텐데."

나폴레옹이 조용히 말했다.

이 말에 존슨은 손을 내저으며 말했다.

"보즈웰은 이제 제명해 버리자고. 자신의 전기 작가를 해고하는 일이 선례가 없는 것은 아니거든. 예컨대 나폴레옹은 누군가가 자신에 대해서 글을 남길 정도로 충분히 가까워지면, 그 사람을 총알받이가 되도록 최전방으로 보내버렸지."

"내게도 보즈웰 같은 전기 작가가 있었으면 좋았을걸. 그랬다면 세상 사람들이 나에 대한 진실을 알았을 텐데 말이야."

셰익스피어가 말했다.

"글쎄, 자네 말을 곧이곧대로 믿고 저술한다 해도 그건 진실과는 한참이나 거리가 멀지 않겠나."

존슨 박사가 톡 쏘아 말했다.

"한데 이게 누구신가! 햄릿이잖아."

존슨 박사의 말대로 흡연실의 입구에는 우울한 덴마크 왕자, 햄릿이 서 있었다. 그의 표정은 이전보다 한층 더 우울해 보였다.

"무슨 문제라도 있나?"

키케로가 햄릿에게 물었다.

"아직 몸속에 독이 남아 있는 겐가?(숙부에 의해 죽임을 당한 아버지의 복수를 위해 햄릿은 숙부를 죽이려다 오필리아의 아버지 폴로니어스를 숙부로 오인하여 죽이게 된다. 햄릿에게 증오를 품은 폴로니어스의 아들, 레어티즈는 햄릿과 검술 시합에서 독을 묻힌 칼로 햄릿에게 치명상을 입힌다. 햄릿은 결국 숙부를 죽이고 자신도 독이 묻은 칼 때문에 죽고 만다-역주)"

"독은 완전히 사라지지 않았다네."

햄릿이 한숨을 내쉬며 말했다.

"하지만 그것 때문에 괴로운 건 아닐세. 날 괴롭히는 건 빌어먹을 운명이라고."

"자네가 원한다면 운명의 여신이 자네 곁에 오지 못하도록 접근 금지 명령을 내려 주겠네."

블랙스톤 판사가 말했다.

"그런데 운명의 여신이 자네를 일방적으로 괴롭히는 건가? 아니면 자네가 괴롭힘당할 만한 짓을 한 건가?"

"내 생각에는 일방적인 괴롭힘 같소."

햄릿이 말했다.

"맹세컨대 나는 이제까지 운명의 여신에게 해를 끼친 적은 없어. 그런데 어째서 운명의 여신이 나를 악귀처럼 쫓아다니는지 도무지 이유를 모르겠다고."

"아마 그 배후에 오필리아(〈햄릿〉의 등장인물. 폴로니어스의 딸로 햄릿이 사랑한 여인이다. 하지만 햄릿이 자신의 아버지 폴로니우스를 숙부로 오인하여 살해하자, 이에 충격을 받은 오필리아는 미쳐서 물에 빠져 죽는다-역주)가 있는 게 아닌가 싶은데."

존슨 박사가 의견을 냈다.

"여자들은 서로에 대해 공감 능력이 뛰어나거든. 그리고 솔직히 자네가 오필리아에게 했던 행동은 정말 눈 뜨고 못 봐줄 정도였네. 그깟 관람료 몇 푼 벌겠다고 매일매일 밤마다 오필리아의 아버지를 칼로 찔러서 오필리아를 매번 자살하게 만들다니. 그런 식으로 젊은 여자에게 사랑을 증명하려고 하다니 참으로 어리석기 짝이 없군. 그런 끔찍한 짓일랑 그만두고, 관객 앞에서 좀 더 세련되고 우아한 덴마크 왕자의 모습을 보여주는 게 어떻겠나?"

"그게 전부 다 내가 한 짓은 아니라네."

햄릿이 대꾸했다.

"그 짓을 한 건, 단 한 번뿐이었어. 그리고 그건 셰익스피어가 묘사했던 것만큼 끔찍하지도 않았다고."

"나는 그 사건을 있는 그대로 기록했을 뿐이라고. 그리고 햄릿 자

네가 그걸 문제 삼을 입장은 아니지."

셰익스피어가 바짝 열을 올리며 말했다.

"어째서 문제 삼으면 안 되나요?"

요릭(〈햄릿〉의 5막 1장에 나오는 죽은 광대이다. 햄릿은 연인인 오필리아가 물에 빠져 죽었다는 소식을 듣고, 그녀의 장례를 보기 위해 호레이쇼와 함께 묘지를 찾았다가 무덤지기가 땅을 파면서 던지는 해골들을 보게 된다. 햄릿은 그곳에서 자신의 어린 시절, 궁정 광대였던 요릭의 두개골을 발견하고 슬퍼한다-역주)이 말했다.

"당신 작품에서는 햄릿 왕자님이 호레이쇼(햄릿의 친구-역주)에게 저를 안다고 말하는 장면이 있지요. 하지만 사실 햄릿 왕자님은 살면서 저를 만난 적은 단 한 번도 없었다고요!(〈햄릿〉 5막 1장에서 무덤지기는 요릭의 두개골을 보며 그가 궁정 광대였던 요릭이라고 설명한 후, 요릭이 23년간 묘지에 묻혀 있었다고 한다. 그 말에 햄릿은 자신이 요릭을 안다고 말하며 어린 시절에 자신이 요릭과 곧잘 놀았다고 이야기한다. 이 문장을 통해 햄릿의 나이가 적어도 서른 살에 가깝다는 것을 추정할 수 있다. 하지만 다수의 연구에 따르면, 햄릿은 서른 살보다 훨씬 젊은 나이였을 것으로 여겨진다. 그렇다면 요릭은 살아생전 햄릿을 만나지 못했을 것이다-역주)."

"나는 결코 호레이쇼에게 요릭을 안다고 말한 적이 없어."

햄릿이 말했다.

"심지어 묘지에 간 적도 없다고. 그 점에 대해서는 알리바이를 댈 수도 있어."

"맞습니다요. 그러니 햄릿 왕자님은 셰익스피어가 작품에 쓴 말을 실제로는 할 수 없었겠지요."

요릭이 말했다.

"그리고 증거가 더 있습니다. 저는 그 무덤에 묻히지도 않았다고요. 햄릿 왕자님과 저는 그 해골로 알리바이를 증명할 수도 있습니다요."

"자자, 논쟁은 그만들 하세나. 어쨌든 〈햄릿〉이 꽤 훌륭한 작품이란 사실은 변함이 없으니까 말이지."

키케로가 끼어들었다.

"맞아. 매우 뛰어난 작품이지. 그 작품 덕분에 불면증이 싹 사라졌거든."

존슨 박사가 말했다.

"자네가 꿈속에서 헛소리를 지껄이지만 않았더라면, 〈햄릿〉은 세상에 훨씬 큰 공헌을 했을 텐데."

셰익스피어가 잔뜩 꼬인 말투로 말했다.

"뭐, 어쨌든 햄릿. 나는 〈햄릿〉이라는 희곡에서 자네를 통해 정의를 구현했다고 생각하네. 그러니까 내 말은……, 그 과정에서 자네를 불행하게 만든 건 진심으로 미안하게 생각한다네."

"이제야 좀 인간다운 말을 하는군요."

요릭이 말했다.

"사실 희곡 자체는 문제가 아니라네."

셰익스피어의 말에 햄릿이 입을 열었다.

"하지만 극을 연기하는 배우라는 작자들이 거슬려 미칠 지경이야. 내가 듣기로 미국 서부에서는 세 명의 햄릿과, 유령 둘, 그리고 사냥개들이 등장하는 '햄릿의 오두막'이라는 연극도 있다더군. 『톰 아저씨의 오두막』(미국의 사실주의 작가이자 노예제 반대자인 해리엇 비처 스토(1811~1896)가 1852년에 발표한 소설로, 톰이라는 흑인 노예의 비참한 삶을 통해 노예제도의 참혹함을 낱낱이 고발하여 사회적으로 큰 반향을 일으켰다-역주)』과 〈햄릿〉을 합친 거라나 뭐라나. 그 괴상망측한 연극에서 세 명의 햄릿은 미친 오필리아와 사랑에 빠지는 대신, 톱시(『톰 아저씨의 오두막』에 등장하는 흑인 노예 소녀-역주)라는 약간 정신이 나간 세 명의 흑인 소녀들에게 구애를 한다네. 사냥개들에게 쫓기는 와중에 얼음 덩어리 위에 앉아 있는 톱시에게 햄릿이 구애를 하는 장면이라니! 도대체 왕가의 혈통을 가진 나에게 이 무슨 해괴한 짓거리란 말인가!"

"정말 조악하기 짝이 없는 연극이군. 그런 상황에 대해 시인이라면 응당 이렇게 말했을 거야. '오 햄릿, 햄릿, 그대의 이름으로 이렇게 끔찍한 악행이 저질러지다니!'라고 말이지."

나폴레옹이 말했다.

"나 역시 햄릿만큼이나 불쾌하다네."

잠시 생각에 잠겨 있던 셰익스피어가 입을 열었다.

"하지만 야만적인 서부의 사업방식으로는 나쁘지 않다고 생각하네. 서부에서 연극에 사냥개나 톱시를 끌어들이지 않는다면 누가 〈햄릿〉을 보러 오겠나? 어차피 서부는 내 관심사 밖이네. 하지만 내가 맘에 안 드는 건 말이지……, 런던이나 다른 대도시의 소위 지적이고 일류 배우라고 일컬어지는 작자들의 행태라고. 일전에 제법 교양 있는 관중들 앞에서 상연되는 〈햄릿〉을 본적이 있네. 한데 나 원 참. 정말 얼굴이 화끈거려서 도저히 못 봐줄 정도였다고."

"나 역시 그런 심정이었지."

햄릿이 한숨을 내쉬며 말했다.

"한번은 운동기능 장애가 있는 사람처럼 다리를 절룩대며 해괴한 걸음걸이로 걸어 다니는 배우가 내 역을 맡은 걸 본 적이 있었다네. 품위가 넘치는 고귀한 왕자인 나와는 천양지차인 그 배우 때문에 정말 미쳐 버리는 줄 알았다고. 게다가 유명한 비극 배우 하나는 '죽느냐, 사느냐 그것이 문제로다'라는 이 중요한 독백 부분을 한낮의 묘지처럼 따분한 어조로 연기하더란 말이지. 그놈에게 앙갚음할 수 있는 방법이 있다면, 기꺼이 복수해 주겠어!"

"내가 보기에는 말일세."

블랙스톤이 판결을 내리는 듯이 근엄한 말투로 입을 열었다.

"자네를 이런 괴로움에 빠뜨린 건 다름 아닌 셰익스피어일세. 그러니 셰익스피어가 자네를 괴로움에서 구해주어야 하는 것이 옳을 듯싶네."

"하지만 어떻게 말인가?"

셰익스피어가 진심을 담아서 말했다.

"나 역시 햄릿의 괴로움을 덜어 주고 싶어. 하늘에 맹세할 수도 있다고."

바로 그 순간, 대단히 좋은 생각을 떠올리기라도 한 듯 햄릿의 얼굴이 환하게 밝아졌다. 햄릿은 느닷없이 기쁨의 몸짓을 담아 방안에서 춤을 추기 시작했고, 이런 햄릿의 태도에 존슨 박사는 몹시 짜증을 냈다.

"다윈(Charles Darwin, 1809~1882: 영국의 박물학자이자 진화론자. 1859년에 진화론에 관한 자료를 정리한 『종의 기원』을 통해 진화 사상을 공개 발표했다-역주)이 지금 자네 꼴을 봐야 할 텐데."

존슨 박사가 으르렁댔다.

"지금 자네의 모습을 사진으로 찍으면 그의 진화론을 뒷받침할 결정적인 증거물이 될 테니 말일세."

"계속해 보시지. 잘나신 철학자 나리!"

햄릿이 쏘아붙였다.

"어디 실컷 비난해 보게나. 자네의 막말 따윈 내 귀에 들리지도 않으니까 말이야. 나한테 방금 끝내주는 발상 하나가 싹터 올랐거든."

"오호, 그렇다면 얼른 병원이라도 가 보게나. 자네가 가진 세균 같은 발상을 나한테 옮기는 건 사양이니 말일세."

존슨 박사가 말했다.

"그래서 자네 계획이 뭔가?"

셰익스피어가 햄릿에게 물었다.

"자네가 나를 위해 희곡을 한 편 쓰는 거지!"

햄릿이 외쳤다.

"현대 배우를 주인공으로 한 희비극 같은 걸 쓰라고. 그런 다음 내가 그놈을 갖고 놀게 해 줘. 나는 4막 내내 그놈을 괴롭힐 테야. 놈의 우스꽝스러운 걸음걸이를 모방하고 놈의 목소리를 흉내 내면서 말이야. 1막에서는 일단 물탱크 같은 걸 등장시켜서 주인공을 탱크 안에 처넣어 버리자고. 그리고 2막에서는 제재소에서 쓰는 거대한 재단기를 써서 그 둥근 톱날로 놈의 머리카락을 썩둑 잘라버리는 거지. 3막에서는 말뚝 박는 기계를 가지고 와서 모자로 그의 눈을 덮은 후에, 놈의 뇌수를 폐 속으로 처넣어 버리고, 마지막 4막에서는 나이아 가라 폭포를 등장시켜서 놈을 폭포로 떠밀어 버리는 거야! 그런 다음 놈에게 청산 용액을 한 병 들이키게 하고 유릿가루를 한 숟가락 먹인 후에 목을 뎅겅 자르는 걸로 대미를 장식하는 거지. 어떤가? 제발 나를 위해 그런 희곡을 한 편 써 주게나, 윌리엄. 그래 준다면 기꺼이 자네를 용서해 주겠네. 나는 그 대본으로 런던에서 600회쯤 야간 공연을 하고, 뉴욕에서는 2년 동안 출연하겠어. 그런 다음 보스턴에서 하루 동안 마무리 공연을 하는 거지!"

"그거 꽤나 멋진 계획이로군."

셰익스피어가 골똘히 생각에 잠긴 채 말했다.

"그런데 희곡의 제목을 뭐라고 하면 좋겠나?"

"어빙(Irving: 유진 아람 역을 연기한 유명한 영국 배우의 이름-역주)이라고 하게나."

그때 유진 아람(Eugene Aram, 1704~1759: 영국의 언어학자. 살인 자로도 악명이 높으며, 재판을 받고 교수형을 당했다. 토마스 후드(Thomas Hood)는 '유진 아람의 꿈(The Dream of Eugene Aram)'이라는 시를 통해 학자이면서도 마음속에 살인 충동을 갖고 있는 유진 아람의 삶을 묘사했다. 그리고 영국의 소설가 에드워드 불워 리턴(Edward Bulwer-Lytton) 역시 유진 아람을 소재로 『유진 아람(Eugene Aram)』이라는 소설을 썼다. 이 소설은 희곡으로도 상연되었는데, 그 희곡에서 유진 아람의 역은 영국의 유명한 배우이자 셰익스피어 배우로 명성을 얻은 헨리 어빙(Henry Irving)이 맡았다-역주)이 방 안으로 들어오며 말했다.

"나 역시 그 연극으로 고통을 받았으니까."

"그러면 햄릿이 쉴 때는 내가 햄릿의 대역을 하겠네."

찰스 1세(Charles the First, 1600~1649: 1625년 스튜어트 왕가의 두 번째 왕으로 즉위했다. 왕권신수 사상을 고수한 전제적 통치 방식으로 의회와 마찰을 빚어 정치적 갈등을 초래했다. 찰스 1세는 결국 1649년 단두대에서 처형당했다-역주)가 진심을 담아 말했다.

"좋았어!"

셰익스피어가 종이와 연필을 요구하며 말했다.

다음 날, 스틱스강 아침에 태양이 떠오를 때였다. 에이번의 시인 셰익스피어는 찰스 1세와 유진 아람, 그리고 다른 저명한 영혼들에게 주인공 배우가 죽임을 당하는 장면에서 울려 퍼질 익살스런 합창곡을 쓰느라 여념이 없었다. 셰익스피어의 새로운 희곡 〈어빙〉은 대미를 향해 차근차근 진행되고 있었다.

이 희곡은 아직 상연될 방법을 찾지는 못했다. 하지만 이 희곡에 관심이 있고, 용기 있는 기획자가 있다면 아래의 주소로 연락하길 바란다.

### 하데스의 스틱스강
#### 하우스보트,
#### 수신인: 햄릿

셰익스피어는 메피스토펠레스(괴테(Goethe)의 『파우스트』에 등장하는 악마-역주)가 방해하지 않는 이상, 회신을 받을 거라 확신하고 있다. 왜냐하면 메피스토펠레스는 영국 및 미국 대중들 앞에서 자신의 역을 맡아 공연하는 유명 배우들의 연기에 매우 만족스러워했다는 후문이 있었기 때문이다.

a houseboat on the styx

"열두 명의 시인들이 동시에 석판을 긁어대며
요란하게 시를 써댄다고 생각해보게.
상상만으로도 끔찍하지 않겠소?
군악대도 그보다는 덜 소란스러울 거라고."

# a houseboat
# on the styx

# The 5th Game
# 시인을 위한
# 공간을 지켜라!

호머(Homer, BC 800?~750: 고대 그리스의 작가이며, 서사시 『일리아스』와 『오디세이아』의 저자이다-역주)는 서재 중앙에 놓인 불만 건의록에 다음과 같은 글을 남겼다.

_ 하우스보트에 필요한 게 하나 있도다. 시인들을 위한 공간이 바로 그것이다. 이 배에는 흡연가를 위한 흡연실과, 당구를 즐기는 이들을 위한 당구장이 있으며, 카드놀이를 즐기는 사람들을 위한 카드게임장이 있다. 하지만 나는 흡연자도 아니요, 당구를 치지도 않거니와 카드놀이에 대해서는 조금도 아는 바가 없다. 내가 할 줄 아는 거라곤 오로지 시를 쓰는 것뿐이다. 이것은 나에 대한 차별이 아닐 수 없다. 그러니 나와 같은 시인들이 평화롭게 영감을 떠올릴 수 있는 '시인들을 위한 전용 공간'을 요구하는 바이다.

호머가 건의록에 글을 남긴 지 나흘이 지나도록 호머의 글에 신경 쓰는 이는 아무도 없었다. 하지만 닷새째 되던 날, 호머의 글 아래에 삼손(Samson: 성서의 「판관기」에 나오는 이스라엘의 전사이자 판관이다. 하느님의 선택을 받아 괴력을 지니고 태어났으나, 나지르인의 수칙을 범하고 방탕한 생활을 했다. 또 외적 블레셋의 앞잡이인 데릴라를 깊이 사랑하여, 그녀의 꾐에 빠져 괴력의 원천인 긴 머리카락을 잘리고 힘이 빠져 블레셋인에게 두 눈을 뽑힌다. 하지만 최후의 기적을 하느님께 기원하고 힘을 회복하여 이교도 신전의 두 기둥을 무너뜨림으로써 많은 블레셋인을 죽이고 자신도 죽음을 맞는다-역주)의 사인과 함께 다음과 같은 글이 남겨져 있었다.

　_ 나 역시 호머의 제안에 동의하는 바이다. 확실히 이곳에는 시인의 공간이 있어야만 한다. 그래야 나머지 사람들도 편안하게 쉴 수 있을 테니 말이다. 금요일 저녁에 디오게네스와 카드게임방에서 뱅 에윙(vingt-et-un: 21게임 또는 블랙잭의 프랑스식 명칭으로 숫자를 초과하지 않고 카드 합이 21점을 가지는 데 목적이 있는 카드 게임이다-역주)을 하고 있는데 이 클럽의 시인들이 한 무리 들이닥쳐서는 온갖 망상 같은 소리를 지껄여대는 게 아닌가. 덕분에 디오게네스와 나는 카론의 도움을 받아서 그 광기에 찬 불쾌한 무리를 방에서 쫓아내느라 진땀을 뺀 바 있다.

　우리 클럽의 일부 시인들이 자신들의 허무맹랑한 영감을 클럽하우스 전체에 퍼뜨리고 다니는 행태는 반드시 막아야만 할 것이다. 바람직

한 결론을 위해서는 호머의 제안을 받아들이는 것이 최선으로 보인다. 그러므로 나는 호머의 제안에 동의하는 바이다.

영혼위원회는 호머와 삼손 같은 영향력 있는 두 회원의 제안을 쉽게 무시할 수 없었다. 달가운 일은 아니었지만, 결국 위원회는 이른 시일 내에 회의를 개최하여 그 주제를 다루기로 했다.

"내가 '여기'에서 찾아낸 바에 따르면 말이네……."

위원회가 소집되자, 의장인 데모스테네스가 운을 띄웠다.

"호머와 삼손은 이 하우스보트에 시인 전용 공간을 만들어야 한다는 제안을 했다네. 개인적으로는 이 제안에 호의적이지는 않지만, 이 문제를 토론하기에 앞서 위원회에 안건으로 상정하기 위해 동의를 제청하는 바이네."

이때, 존슨 박사가 끼어들었다.

"실례지만 말일세, 도대체 그 제안은 어디서 찾아낸 건가? '여기'에서 찾았다니 아주 모호하기 짝이 없군. 도대체 '여기'가 어디인가?"

"불만 건의록이라네. 내가 손에 들고 있는 바로 이 책이지."

데모스테네스가 정확한 발음을 위해 입속에 조약돌을 집어넣으며 말했다(데모스테네스는 원래 말더듬이였으나, 입에 조약돌을 넣어 다니며 발음 교정을 하여 뛰어난 웅변가가 되었다는 일화가 있다-역주).

데모스테네스의 말에 존슨 박사의 눈썹이 종잇장처럼 구겨졌다.

"그래? 불만 건의록에서 찾았단 말이지?"

존슨 박사가 느릿하게 물었다.

"나는 우리 위원회가 불만 건의록에 올라온 불만 사항 따위에는 눈곱만큼도 신경 쓰지 않는 줄 알았는데. 이제까지 단 한 번도 관심을 가진 적도 없고 말이야."

"그건 그렇지만……."

데모스테네스가 입속에서 조심스레 조약돌을 굴리며 말했다.

"원래 불만 건의록은 불만 사항을 기록하라고 만들어 놓은 것이 잖나? 설마 사람들이 거기에 연재소설이나 향토시(詩)를 쓸 거라고 생각한 건 아니겠지?"

"중요한 건 그게 아니지 않나? 요점을 흐리지 말라고. 지금 나와 말장난 따위를 하자는 건가?"

존슨 박사가 투덜댔다.

"물론 불만 건의록은 불만 사항을 남기라고 만들어 놓은 것이고, 거기에 딴죽을 걸 사람은 없네. 다만 내 말은, 거기에 기록된 불만 사항에 대해 논의를 하는 것이 꼭 필요하며 적절한지를 따져보자는 거지."

"우리에게는 그 문제를 살펴봐야 할 법적 권리가 있는 건 맞소."

블랙스톤 판사가 다소 귀찮다는 말투로 입을 열었다.

"물론 지금까지 위원회에서 불만 사항에 대해 특별한 조치를 취한 전례는 없소. 내가 아는 대부분의 클럽 위원회에서는 회원들의 불만 사항을 무시한다는 비난을 면하기 위해서 형식적으로 불만 건의 제도를 마련해 놓고 있을 뿐, 거기에 대해 조치를 실제로 취한 경우는 거의 없거든. 하지만 이번 경우는 서기관이 직접 문제를 제기하고 나섰을 뿐만 아니라, 불만을 제기한 사람들의 나이를 고려할 때 그들에게 구체적인 답변을 해주지 않으면 안 될 것이오. 원로 회원들에 대한 존중은 언제나 지켜져야 할 중요한 덕목이니 말이오. 그러니 나 역시 동의에 찬성하는 바요."

"시인들을 위한 전용 공간은 전적으로 불필요하다고 생각하네."

공자가 입을 열었다.

"이 클럽은 특정 직업이나 계급, 신분을 가진 이들이 끼리끼리 모이는 그런 조직이 아니잖나. 그러니 우리는 이 클럽 내에서 특정 부류들끼리 모이고자 하는 일체의 행위에 반대해야 마땅할 거야. 솔직히 나는 시인들의 공간을 따로 내주어 그들을 북돋워 주기보다는 외려 그들의 기를 팍 꺾어놓게 하는 규칙을 만들어야 한다고 생각한다고. 시인들은 늘 클럽 분위기를 어수선하게 만들어 놓거든. 지난 수요일만 해도 그렇다네. 최근에 서거한 중국 황제와 내가 이곳에 왔을 때, 우리가 오자마자 맨 처음 본 장면이 뭔 줄 아나?"

"난들 알겠어."

존슨 박사가 말했다.

"자네와 중국 황제 모두 눈이 위로 쭉 찢어져 있으니, 자네들이 본 장면도 틀림없이 자네들 눈처럼 비뚤어진 광경이었겠지."

"그런 유치한 인신공격은 제발 관두게. 존슨 박사."

　의장인 월터 롤리 경이 한때 로마의 원로원 회의실을 장식했던 근사한 의사봉으로 연단을 요란하게 두드리며 말했다.

　"그깟 중국인 좀 비하했기로서니 웬 난리람!"

　존슨이 투덜댔다.

　"그래서 자네가 본 장면이 뭐였나, 공자?"

　카시우스가 물었다.

　"우마르 하이얌(Omar Khayyam, 1048~1123: 페르시아의 수학자, 철학자, 천문학자이며 시인이다. 셀주크 왕조 마리크샤 왕의 천문대를 운영했고 2차 방정식의 기하학적, 대수학적 해법을 연구했다. 예술적 형식으로 자신의 세계관을 서술한 4행시를 썼다-역주)이 도서관에 있는 가장 편안한 의자 다섯 개를 몽땅 차지한 채 드러누워 있는 장면이었다네."

　공자가 대답했다.

　"그래서 내가 그 친구에게 큰맘 먹고 한소리 했더니, 나 때문에 『루바이야트』(Rubáiyát: '4행 시집'이라는 뜻으로 우마르 하이얌이 쓴 시집을 가리킨다. 그의 4행시에는 자유주의 및 합리주의에서 비롯된 무신론적 색채가 드러나 있다. 그의 시집은 영국의 시인이자 번역가인 E.피츠제럴드에 의해 『우마르 하이얌의 루바이야트』(1859)라는 제목으로 영역 출판되면서 세계적으로 유명해졌다-역주) 2권 전체를 망쳤다며 입에 거품을 물고 길길이 날뛰는 게 아니겠나. 그래서 나는 그 친구에게 4행시를 짓는 일이라면 여기가 아니라, 집에 가서 하라고 말했지. 그랬더니 그 친구가 다시 한바탕 몹쓸 소란을 피우지 뭔가. 그래서 나는 얼른 황제를 뫼시고 당구장으로 피했다네. 한데, 당구장에 갔더니 로버트 번즈(Robert Burns, 1759~1796: 스코틀랜드 출신의 영국 시인. 스코틀랜드의 방언을 써서 사랑과 전원생활을 소박하고 순수한 감정으로 표현했다. 대표작으로는 『새앙쥐에게(To a Mouse)』(1785)와 『올드 랭 사인(Auld Lang Syne)』(1788) 등이 있다-역주)가 당구대 위에 엎드려 누워서 그 위에 초크로 소네트(sonnet: 14행으로 된 정형시로 소곡(小曲)이라고도 한다. 13세기 이탈리아의 민요에서 파생되었으며, 단테, 페트라르카에 의하여 완성되었다. 르네상스 시대에는 유럽 전역에 유포되었다-역주)를 쓰고 있는 게 아니겠나. 하지만 고작 두 줄밖에 못 쓰고서 낑낑대고 있더군. 프랑수아 비용(François Villon, 1431~1463?: 프랑스의 시인. 파리 대학 문학부를 졸업하고 학생 시절부터 방탕한 생활에 빠져 각지를 방랑했다. 교회에서 신부를 죽이고 금괴 도난 사건 등에 연루되어 방랑하던 중 『유품(Le Lais, 1456)』 등의 시를 썼다. 그의 시에는 후회, 분노, 기원 등의 감정이 잘 나타나 있다. 사후에 베를렌, 보들레르 등을 통해 재평가를 받았다-역주)이라면 같은 조건에서 금세 한 편을 다 쓰고도 남았을 시간에 말이지. 자, 여기 모인 신사분들. 대답해 보게나. 시인들의 이런 천인공노할 짓거리들을 내가 참아 줘야겠나? 내가 중국인이든 아니든 상관없이 이런 놈들은 꾸짖어 마땅하지 않겠나?"

"그래서 자네는 우리가 어떻게 했으면 좋겠다는 건가?"

월터 롤리 경이 짜증 섞인 목소리로 공자에게 물었다.

"시인들을 깡그리 내쫓아 버리면 속이 시원하겠나? 하지만 나 역시 시인이란 걸 잊지 말았으면 하네."

"자네를 딱히 시인이라고 보기는 힘들 것 같네만……, 롤리 경."

존슨 박사가 비웃듯이 말했다.

"아니, 시인들을 모두 쫓아내자는 말은 아니네. 하지만 적어도 시인들이 이곳을 자기들 멋대로 활보하게 내버려 둘 수는 없다고. 구두장이가 도서관의 소파를 작업대로 바꾸고, 그곳을 작업실 삼아 뚝딱뚝딱 신발을 만든다고 생각해보게. 자네들은 그런 구두장이들을 이클럽의 회원으로 받아들이겠나? 물론 받아들이지 않겠지. 그런데 마치 시 공작소처럼 이 클럽을 활용하는 시인들을 회원으로 받아들여야 하는 이유는 뭔가? 내가 알고 싶은 건 바로 그거라고."

공자가 말했다.

"무슨 말인지 정확히는 잘 모르겠지만 대충 이해는 되는군."

블랙스톤 판사가 말했다.

"비록 자네의 비유가 옳은지는 모르겠지만 말이오. 공자, 구두장이와 시인은 엄연한 차이가 있지 않겠나?"

"하늘과 땅 차이이지."

존슨 박사가 재빨리 끼어들었다.

"구두장이와 시인은 달라도 완전히 다르다고. 얼마나 다르냐고 하면 '구두장이와 시인의 차이는 무엇인가?'라는 주제로 엄청나게 풀기 어려운 수수께끼를 만들어도 될 만큼 다르지. 구두장이는 뚝딱뚝딱 신발을 만드는 이들이고, 시인은 번뜩번뜩 시적 발상을 떠올리는 이들이라네. 둘은 달라도 한참이나 다른 존재지. 게다가 나는 도무지 이 클럽에서 시인들을 쫓아내야 하는 이유를 모르겠네. 이 클럽은 매우 민주적이고 그게 이 클럽의 매력이라고. 우리는 회원을 가리지 않는다네. 동료건 시인이건 혹은 뭐든 말일세. 이런저런 이유를 대며 특정인에게 이 배의 출입을 금지한다면 결국 이 배는 특정 직업이나 계급, 신분을 가진 이들이 끼리끼리 모이는 조직이 될 거라고. 앞서 공자도 말했다시피 우리 클럽은 그런 곳이 아니며, 그렇게 되어서도 안 되지. 현인(賢人)의 비위를 맞추겠다고 배의 시인들을 몽땅 쫓아낸다면, 얼마 못 가서 우리는 바보를 만족시키기 위해 현인을 내쳐야 할 걸세. 그런 식으로 한번 선례를 만들게 되면 마침내 이 클럽은 완전히 직업별, 신분별로 끼리끼리 모이는 조직이 될 거라고. 뭐 이를테면 '배관공 클럽'이라든가 말일세. 명계에 와서까지 그런 어리석은 짓거리를 할 필요가 뭐 있겠나? 안 그런가? 자, 신사분들. 절대 그런 일은 있어서는 안 되네. 시인들은 반드시 지켜져야 하고, 앞으로도 그래야 할 걸세."

"그런데 도대체 직업이나 신분별로 모이면 안 될 이유가 뭔가?"

카시우스가 물었다.

"나는 신분이나 직업별로 모이는 것에 반대하지 않는다네. 내가 살던 시대에 정치조직이 있었더라면, 마음에 들지도 않던 동맹에서 벗어나기 위해 내가 자살하는 일도 없었을 테니 말이야(카시우스는 카이사르를 암살한 후 안토니우스-옥타비아누스 연합군에 대항하여 브루투스와 함께 필리피에서 싸웠으나 패하여 자살했다-역주). 신분별, 직업별 클럽이라는 것도 나름 쓸모있는 거라고."

"그렇긴 하지."

데모스테네스가 입을 열었다.

"자네가 원한다면 신분별·직업별 클럽 따윈 맘껏 만들게나. 하지만 우리 클럽까지 그렇게 만들지는 말자고. 작가들만 모아서 작가클럽을 만드는 것? 물론 나쁘진 않지. 작가들은 세상에 자기 자신뿐만 아니라 다른 작가들도 존재한다는 걸 배울 수 있을 테니까. 시인들의 클럽도 괜찮겠지. 각자 쓴 시를 낭독하는 걸 들어주는 게 얼마나 고역인지 깨달을 수 있을 테니 말이야. 권투선수 클럽? 그것도 나쁘지 않아. 다른 클럽들도 모두 나름대로 의미가 있겠지. 하지만 우리 클럽처럼 신분과 직업을 가리지 않고 사람들을 수용하는 클럽 역시 의미가 있다네. 이곳에서는 시인들이 마음껏 시에 대해서 떠들어댈 수 있어. 하지만 동시에 시인들은 시 이외의 것들도 이곳에서 들을 수 있지 않나. 그러니 우리는 신분별, 직업별 클럽이 아니라, 우리가 원래 추구하던 클럽의 이상을 고수해야 한다고 생각하네."

"뭐 시인들을 쫓아내지 않을 거라면, 적어도 시인들의 횡포를 막는 방법을 좀 찾아보자고."

공자가 말했다.

"시인들은 오전 열한 시부터 오후 다섯 시 사이, 혹은 저녁 여덟 시 이후에 시적 영감을 떠올려서는 안 된다는 규칙을 만들면 어떻겠나? 아니면 4행시를 짓겠다고 팔걸이의자 다섯 개 이상을 차지하는 시인에게는 초과가 된 의자 개수마다 시간당 2오볼리의 벌금을 내게 하는 건 어떻고? 그리고 종이철 대신 당구대 위에 시를 쓰는 엉터리 시인들에게는 일반 요금의 세 배에 해당하는 할증요금을 물리는 거지!"

"나쁘지 않은 생각이군."

월터 롤리 경이 공자의 의견에 동의했다.

"나 역시 시인이지만, 그 의견에 거부하지 않겠소. 나야 뭐 늘 집에서 시를 쓰니 말이오."

"그런데 우리가 지금까지 미처 고려하지 못했던 중요한 사안이 있네."

데모스테네스가 사탕 그릇처럼 생긴 동그란 양철통에서 새 조약돌을 꺼내며 말했다.

"그건 바로 문구류에 대한 것이라네. 품위 있는 클럽들이 으레 그러하듯이, 우리 클럽에서는 회원들에게 상당한 양의 필기도구를 제공하고 있지. 그런데 지난주에 우리 클럽에서 가장 질이 좋은 편지지 2만 장이 쓰레기통에 버려져 있었다고 카론이 보고했네. 편지지마다 시인들이 시의 초고를 쓰느라 휘갈긴 글귀들이 가득했다더군. 이제 우리 클럽에서 시인들에게 시의 원자재를 더 제공해서는 안 될 것이오. 공자의 말을 빌자면, 그건 구두장이에게 가죽을 내어주는 꼴이랄까."

"시의 원자재라니 그게 무슨 뜻이오?"

롤리 경이 얼굴을 찌푸리며 물었다.

"당연히 펜과 잉크, 그리고 종이를 말하지. 달리 뭐가 있단 말이오?"

데모스테네스가 대답했다.

"그렇다면 시를 쓰는데 뇌는 쓸모없단 말이오?"

롤리 경이 물었다.

"그럼 신발을 만들 때는 뇌가 쓸모없단 말이오?"

데모스테네스는 서두른 나머지, 저도 모르게 조약돌을 꿀꺽 삼키며 곧바로 응수했다.

"하지만 시인들에게도 편지지를 사용할 권리가 있다네."

블랙스톤 판사가 끼어들었다.

"그건 명백히 합법적인 권리일세. 시인들이 편지지에 따분하기 짝이 없는 편지를 쓰는 대신, 시를 쓰기로 했다면 그들의 의사도 존중해 줘야겠지. 안 그렇소?"

"그렇긴 하지만 시인들의 낭비가 너무 심하다는 게 문제라오."

데모스테네스가 지적했다.

"그 문제에 대해서라면 쉽게 해결할 방법이 있소."

카시우스가 제안했다.

"시인들에게 석판이 딸린 필기용 책상을 제공하는 거요. 틀림없이 시인들은 만족할 것이오. 틀린 글자를 지우는 것이 훨씬 수월해질

테니 말이지."

"하지만 시인들 대부분은 틀린 글자 대신 제대로 된 글자를 지운다는 게 문제지."

공자가 투덜대며 말했다.

"어쨌든 나는 이 하우스보트에 석판을 도입하는 건 찬성할 수 없네. 석판에 필기할 때 끽끽거리는 소리가 시를 낭송하는 소리보다 몇 배나 더 끔찍하니 말이야."

"공자의 말이 맞소."

카시우스가 맞장구쳤다.

"열두 명의 시인들이 동시에 석판을 긁어대며 요란하게 시를 써댄다고 생각해보게. 상상만으로도 끔찍하지 않겠소? 군악대도 그보다는 덜 소란스러울 거라고."

"음…… 결국 내가 줄곧 생각했던 대로의 결론이 나왔군."

존슨 박사가 입을 열었다.

"시인의 공간이 필요하다는 호머의 제안은 일리가 있고, 삼손 역시 호머의 주장에 충분히 힘을 실어 주었지. 확실히 시인들에게는 시를 쓰기 위해 집중할 수 있는 그들만의 공간이 필요하다네. 그래야 시인들이 클럽의 다른 사람들에게 민폐를 끼치는 일을 막을 수 있고, 시인들 역시 다른 이들에게 방해받지 않을 테니까. 호머에게는 카드놀이를 하는 사람들로부터 방해받지 않고 조용히 시를 쓸 공간이 필요하다네. 그리고 카드놀이를 하는 사람들 역시 시적 영감을 발산해대는 시인들로부터 보호받을 권리가 있고 말이지. 나는 시인 전용 공간을 만드는 데 동의하는 바라네. 그리고 시인들에게 석판을 지급할 것을 제안한 카시우스의 의견에도 적극적으로 찬성한다네. 석판 도입을 통해 문구류의 낭비를 대폭 줄일 수 있을 테니 말이지. 그리고 만일 시인 전용 공간을 만든다면 이 클럽의 다른 구역에서 멀리 떨어진 곳으로 정하는 게 좋겠어. 그래야 석판에 필기할 때 나는 소리가 다른 사람에게 거슬리지 않을 테니까."

"이 의견에 찬성하오."

존슨 박사의 말이 끝나자 블랙스톤 판사가 찬성을 표했다.

"하지만 시인들의 청원을 승인하기에 앞서, 짚고 넘어가야 할 게 있소. 나중에 박사나 변호사, 구두장이, 배관공 등이 각자의 공간을 달라고 요구한다 해도 절대 양보해서는 안 된다는 점이오."

"매우 현명한 생각이군."

롤리 경이 말했다. 그리하여 결의안은 적법한 방식으로 기록되었고, 만장일치로 통과되었다.

위원회가 시인들의 전용 공간을 어디에 만들지는 아직 결정된 바가 없다. 하지만 공자는 하우스보트에서 400미터쯤 떨어진 으슥한 곳에 시인 전용 공간을 만들어 놓고, 가느다란 밧줄로 배와 연결하는 방안을 강력하게 지지하고 있다. 시인들이 석판을 긁어대는 소리가 자신들의 공간을 갖지 못해 불만을 품은 다른 회원들을 짜증스럽게 만든다면, 가위로 밧줄을 뎅강 잘라버리면 그만일 테니까.

a houseboat on the styx

"중절모야말로 머리카락의 가장 큰 적이야.
쓰고 있으면 더워서 두피가 바싹 말라버리거든.
모자를 쓴 채 머리카락이 자라길 바라느니 차라리 사하라 사막에서
수박을 길러내는 편이 낫지.
정말이지 요즘 모자들은 화덕이나 마찬가지라고."

**a houseboat
on the styx**

# The 6th Game
# 원숭이와 인간,
# 그리고 꼬리에 얽힌 이야기를
# 지어내라!

"들어보게나. 방금 재미있는 글을 하나 읽었는데 말이지……."

〈런던 타임스〉한 부를 읽고 있던 다윈 박사가 고개를 들며 말했다.

"어느 미국인 교수가 원숭이도 서로 대화를 나눈다는 사실을 밝혀냈다고 하더군. 대단히 흥미롭지 않나."

"확실히 그렇군."

리빙스턴(David Livingstone, 1813~1873: 영국의 선교사이자 남아프리카 탐험가이다. 빅토리아폭포와 잠베지강을 발견했다. 저서로는 『남아프리카 전도 여행기』 등이 있다-역주)이 맞장구쳤다.

"하지만 뭐 대단히 새로운 일도 아니라네. 사실 생전에 말한 적은 없지만, 내가 아프리카를 탐험하는 동안 원숭이들도 인간처럼 서로 대화를 나눈다는 사실을 이미 알아냈거든."

"그거라면 나 역시 알고 있다고."

리빙스턴의 말에 허풍선이 남작이 끼어들었다.

"사실 나는 원숭이들과 종종 대화를 나누곤 했지. 원숭이 무리가 사는 곳에 짧게 체류하던 때가 있었는데, 당시에 그들의 언어에 완전히 통달했거든. 한데 거기가 어디였더라? 뭐, 장소 따윈 신경 쓰지 말라고. 지명이 통 떠오르질 않으니까. 어쨌든 중요한 건 내가 한때 원숭이 언어를 자유자재로 구사할 수 있었다는 사실이지. 심지어 원숭이 언어로 소네트까지 쓸 정도였는데, 언뜻 보면 영어로 쓴 소네트와 거의 차이가 없을 만큼 지적인 시였다네."

"원숭이들의 언어로 시를 쓸 정도라면, 자네는 원숭이들의 발성이나 억양까지 습득했다는 뜻인가?"

다윈 박사가 즉시 흥미를 보이며 물었다.

"뭐 거의 그런 셈이지."

허풍선이 남작이 유쾌하게 대답했다.

"아주 완벽하다고 할 정도는 아니지만 말이야. 독일인이나 중국인이 프랑스어를 발음하려고 할 때와 유사한 어려움을 겪긴 했지. 예컨대 중국인들은 죽기 살기로 애를 써 봐도 '트로카데로(Trocadéro: 프랑스 파리에 있는 지명-역주)'라는 발음을 프랑스인처럼 해낼 수 없단 말씀이야. 그 단어의 첫음절을 발음할 때, 프랑스인들은 목 깊숙이에서 걸쭉한 쉰 소리로 바람을 터뜨리며 '트르흐크'라고 발음하지.

하지만 그 발음은 중국인이 제대로 발음하기에는 도저히 무리라고. 뭐 미국인들도 별수 없긴 마찬가지야. 미국인들은 기껏해야 '트로키 디로(trochedeero)'라고 발음하는 게 고작이겠지. 결국, 발음의 어려움을 극복하기 위해서 미국인들이 트로키(troche: 입에서 천천히 녹아 입안이나 인두에 적용하는 알약으로, 목의 살균 및 소염을 완화해준다-역주)에 의존하게 된 거지."

"정말이지, 남작. 자네는 〈펀치지(誌)〉(풍자만화를 실은 영국의 주간지로 1841년 창간되어 1912년에 폐간되었다-역주)에서 일했어야 했어."

새커리(William Makepeace Thackeray, 1811~1863: 19세기 영국 문학을 대표하는 소설가이다. 주요 저서로는 『허영의 시장』, 『헨리 에즈먼드』 등이 있다-역주)가 나직하게 말했다.

"그랬다면 자네가 남긴 유머 덕분에 자네 이름은 불멸로 남았을 거라고."

"나는 지금도 충분히 불멸의 존재라고."

허풍선이 남작이 심드렁하게 대꾸했다.

"어쨌든 다시 원숭이들의 언어에 대한 주제로 돌아가 보자고. 독일인과 중국인이 프랑스어를 발음할 때 어려움을 겪는 것처럼, 원숭이들의 언어에는 내가 죽었다 깨도 제대로 습득할 수 없는 특유의 발성이 있었지. 그 문제의 원인은 순전히 신체적 조건의 차이 때문이었어. 품위 있는 원숭이 사회에서 원숭이들은 대부분, 나뭇가지에 꼬리를 척 걸치고는 앞뒤로 몸을 흔들며 대화를 나누곤 하지. 그 자세 때문에 그들 특유의 웅얼대는 발성을 낼 수 있는 거라고. 하지만 꼬리가 없는 내가 어떻게 원숭이들처럼 공중에 대롱대롱 매달릴 수 있겠나? 바로 그런 이유로 나는 원숭이들의 대화에서 가장 큰 매력이 되는 그 특유의 발성을 결코 습득할 수 없었지."

"자네처럼 풍부한 자질을 갖춘 사람이 그런 소소한 일로 좌절하다니 믿을 수가 없군."

리빙스턴 박사가 말했다.

"허풍떨기로는 누구도 따라갈 수 없을 정도로 명성이 자자한 자네가 고작 물질적인 현실의 제약으로 목표한 바를 이루지 못하다니 그게 말이나 될 소리인가. 꼬리가 없다는 이유로 원숭이 언어를 제대로 배우지 못한다는 건 어불성설이지. 자네는 사슴의 머리에서 버찌나무를 키워낸 적도 있지 않은가(이 말은 『허풍선이 남작의 모험』에 나오는 일화와 관련된 것이다. 주인공 허풍선이 남작은 사슴 사냥을 갔다가 총알이 없어서 버찌 씨를 넣고 사슴의 머리를 맞추었다. 그로부터 일 년 후, 남작은 우연히 그 사슴을 다시 만났는데 사슴의 머리에는 빨간 버찌가 열린 벚나무가 자라고 있었다. 즉, 허풍선이 남작이 일 년 전에 쏘았던 버찌 씨가 사슴 머리를 뚫고 들어가 뿌리를 내리고 자라서 벚나무가 된 것이다-역주). 그런 자네라면 목적을 이루기 위해서 자네 몸에 꼬리를 자라게 하거나 혹은 그밖에 필요한 일은 뭐든지 할 수 있을 텐데 말이네."

"없는 꼬리를 자라게 하면서까지 원숭이 언어를 완벽하게 구사하고 싶은 마음은 없었거든."

허풍선이 남작이 대꾸했다.

"재미 삼아 원숭이 언어를 배우겠다고 인간이 원숭이처럼 행동할 필요까진 없지 않겠나. 유사한 사례를 한번 따져볼까? 평균 지능을 가진 다른 당나귀들과 무리 없이 소통할 수 있을 정도로 당나귀 울음소리를 잘 내는 법을 배우려는 사람이 있다고 쳐 보자고. 이를 위해서 자신의 귀를 당나귀처럼 뾰족하게 만들고, 당나귀처럼 발길질하는 법을 배우고, 당나귀 무리에서 가장 입담 좋은 당나귀의 발성을 모방해가면서까지 자기 자신을 당나귀로 만들어야 옳겠나?"

"그렇다면 자네는 당나귀도 말을 할 수 있다고 믿는 건가?"

다윈 박사가 허풍선이 남작에게 질문을 던졌다.

"안될 건 또 뭐겠어?"

허풍선이 남작이 대답했다.

"원숭이도 말을 하는데 당나귀라고 못할 건 없겠지. 확실히 당나귀들은 말을 할 줄 안다고. 모든 생명체는 고유의 의사소통 방식으로 서로 의견을 나누거든. 어째서 인간들은 자신들만이 말을 할 줄 안다는 자만에 빠져 있는지 도통 모르겠군. 마찬가지로 새들이나 짐승들도 모든 생명체 중 자신들만이 유일하게 말을 할 줄 안다고 자만에 빠진 건 아닌지 알게 뭔가?"

"맞는 말일세."

리빙스턴 박사가 말했다.

"남녀가 서로 대화를 나누는 모습을 보고, 원숭이들은 인간들이 대화를 나누는 게 아니라 그저 '끽끽 댄다'고 여길지도 모르지."

"뭐, 대부분의 경우 원숭이가 꼭 틀렸다고도 할 수 없지. 나 역시도 줄곧 그렇게 생각해 왔으니까."

지금까지 대화를 흥미롭게 듣기만 하던 존슨 박사가 끼어들어서 말했다.

"아마도 자네의 말은 어느 정도 내 이론을 뒷받침해 주는 것 같군."

존슨의 말에 다윈이 입을 열었다.

"존슨 박사의 사고체계가 원숭이들의 사고체계와 유사하다면, 인간인 존슨 박사는 원숭이의 특질을 갖추었다고 볼 수 있겠지. 즉, 존슨 박사와 원숭이 사이에서 어느 정도 종(種)의 유사성을 찾을 수 있다는 말이지."

"어디 좋을 대로 지껄여보라고."

존슨 박사가 격분하며 응수했다.

"하지만 그 말에 대해 제대로 된 증명을 해야 할 걸세."

"내가 자네라면 안 그러겠네, 존슨."

리빙스턴 박사가 존슨을 진정시키며 말했다.

"우리 친구인 다윈 박사에게 자네가 원숭이의 자손이라는 사실을 증명해 보라고 강요하는 건 자네에게도 썩 유쾌한 일은 아닐 걸세. 차라리 아무것도 증명하지 말라고 하는 편이 훨씬 낫지."

"원숭이 중에서도 보즈웰 같은 존재가 있나?"

새커리가 문득 물었다.

"난 원숭이 따위에 대해선 일절 아는 바가 없다고."

존슨 박사가 성마른 목소리로 말했다.

"나 역시 그렇다네."

다윈이 입을 열었다.

"그리고 나는 자네를 공격하려는 의도는 전혀 없었네, 친애하는 존슨. 내가 당신의 조상이 원숭이라고 주장한다면, 그 말은 곧 내 조상 역시 원숭이라는 뜻이라네."

"나는 혈통에 목숨을 거는 속물은 아니라고."

다윈의 말에 존슨이 다소 목소리를 누그러뜨리며 말했다.

"자네가 자네 조상에 대해 자랑스레 떠들어대고 싶다면 마음대로 하게나. 하지만 제발 나까지 끌어들이진 말라고. 자네는 그냥 자네 족보에나 신경 쓰란 말일세."

"사실 나는 우리 모두 원숭이의 후손이라고 굳게 믿고 있다네."

별안간 허풍선이 남작이 입을 열었다.

"확신컨대 대홍수가 일어나기 전에는 모든 인간에게 꼬리가 있었을 게 틀림없어. 노아와 셈(Shem: 노아의 맏아들-역주), 함(Ham: 노아의 둘째 아들-역주), 야벳(Japheth: 노아의 셋째아들-역주) 모두 꼬리가 있었다고. 그들에게 꼬리가 있었다고 믿는 건 지극히 합리적인 생각이지. 노아의 방주가 바로 그 증거라네. 노아와 노아의 아들들이 어떻게 그 짧은 시간에 두 손만 가지고 노아의 방주를 다 지을 수 있었겠나? 단기간에 두 손만으로 그 커다란 방주를 짓는 건 턱도 없이 불가능한 일이지. 하지만 그들에게 손 하나가 더 있었다고 생각해 보라고. 그렇다면 방주를 짓는 일은 훨씬 더 빨라졌을 거야. 노아는 두 손으로 방주의 갑판에 못질하는 동시에, 또 다른 손, 즉 꼬리로 톱을 쥐고서 쓱싹쓱싹 나무를 자르거나 설계도를 뚝딱 그려낼 수 있었을 거란 말이지. 그 아들들도 마찬가지고 말이야. 우리 역시 이따금 제3의 손이 있으면 얼마나 편할까 하고 느낄 때가 많지 않은가."

"그렇다면 그들의 꼬리가 사라진 건 어떻게 설명할 텐가? 꼬리가 그토록 유용한 기관이라면 굳이 없애고 싶지 않았을 텐데. 안 그런가?"

리빙스턴 박사가 질문을 던졌다.

"그랬겠지. 하지만 꼬리가 사라진 이유에 관해서는 설명할 방법이 아주 많다네."

허풍선이 남작이 대답했다.

"아마도 그들은 방주를 만드느라 꼬리를 너무 혹사했을지도 모르지. 아니면 셈, 함 혹은 야벳의 꼬리가 방주의 문에 끼였는데 서둘러 떠나느라 그냥 꼬리를 잘라버렸을 수도 있고 말이야. 그 외에도 꼬리가 사라질 만한 상황은 수도 없이 있지. 인간이란 원래 머리카락도 빠지고, 치아 역시 빠지는 일이 비일비재하지 않나? 그런 일은 꼬리에도 충분히 일어날 수 있지. 과학자들이 말하길 먼 미래의 세대들은 치아가 없는 대머리가 될 거라고 하더군. 마찬가지로 어떤 알 수 없는 원인으로 우리 선조들에겐 있었지만, 후손들에게 없는 것들이 또 있을지 알게 뭔가?"

"인간의 머리카락이 빠지는 이유는 늘 모자를 쓰기 때문이라고."

리빙스턴이 투덜대며 말했다.

"중절모야말로 머리카락의 가장 큰 적이야. 쓰고 있으면 더워서 두피가 바싹 말라버리거든. 모자를 쓴 채 머리카락이 자라길 바라느니 차라리 사하라 사막에서 수박을 길러내는 편이 낫지. 정말이지 요즘 모자들은 화덕이나 마찬가지라고."

"거참, 성능이 뛰어난 화덕이로군."

허풍선이 남작이 입을 열었다.

"연료를 공급하지 않아도 제대로 작동하니 말이야."

"아마도……."

새커리가 끼어들었다.

"우리 조상들은 모자를 꼬리에 쓰고 다녔을지도 모르겠군."

"내 이론은 전혀 다르다네."

존슨 박사가 말했다.

"어련하시겠어, 자네 이론이야 늘 남과 다르잖나."

허풍선이 남작이 내뱉었다.

"맞아, 나는 진부하고 개성 없는 건 딱 질색이거든."

존슨이 대답했다.

"그래서 존슨, 자네의 이론이란 게 도대체 뭔가?"

리빙스턴이 물었다.

"사실 뭐 굳이 설명할 가치가 있는지는 모르겠지만……."

존슨이 주저하며 말했다.

"일단 말이나 꺼내 보게. 우리가 알아서 접수할 테니."

새커리가 존슨을 재촉했다,

"그러니까 나는……, 아담(Adam: 구약성서 창세기에 나오는 인류의 시조이다. 아담은 히브리어로 '인간'이라는 뜻이다. 하나님이 흙으로 사람의 형상을 빚고, 입김을 불어 넣어 생명을 가진 존재가 되었다. 아담은 다른 모든 생물의 이름을 지어 주고, 이들을 다스리는 권한을 부여받았고, 이브를 짝으로 얻는다. 하지만 둘은 뱀, 즉 사탄의 유혹에 넘어가 금단의 사과를 따 먹고, 에덴동산에서 쫓겨났으며, 땀을 흘리고 일해서 먹을 것을 얻지 않으면 안되게 되었다. 이로부터 인간은 괴로움을 알게 되었으며, 죽어야 하는 존재가 되었다고 한다-역주)이 원숭이였다고 믿고 있네."

존슨이 느릿하게 말했다.

"둘의 행동 양식이 비슷한 건 맞지."

새커리가 불쑥 내뱉었다.

"그리고 금지된 나무(the forbidden tree: 에덴동산에 있는 선악과가 달린 나무. 이브와 아담은 뱀의 꾐에 넘어가 금지된 나무에 열린 선악과를 따먹게 되고, 하나님의 명령에 순종하지 않은 죄로 에덴동산에서 쫓겨난다-역주)는 가지가 아주 약한 나무였을 게 틀림없어. 바로 그 때문에 하나님은 아담이 그 나무의 나뭇가지에 꼬리로 매달리는 걸 금지했고,

덕분에 금지된 나무가 된 거지."

존슨이 말했다.

"제법 그럴듯한데."

허풍선이 남작이 고개를 끄덕이며 말했다.

"하지만 꼬리가 달린 아담과 이브로서는 필연적으로 나뭇가지에 대롱대롱 매달리는 걸 좋아할 수밖에 없었다네. 그래서 아담과 이브는 에덴동산에 있는 모든 나무의 나뭇가지에 매달리고 싶은 유혹에 빠졌지. 그리하여 어느 날, 아담이 멀리 떨어진 다른 나뭇가지를 타러 간 동안, 이브는 몰래 그 금지된 나무를 타고 말았지. 아담이 돌아왔을 때 아담은 금지된 나무의 나뭇가지에 대롱대롱 매달려 있는 이브의 모습을 코앞에서 목격했다네. 그 모습을 본 아담은 유혹을 이기지 못하고 즉시 자신 역시 그 나무에 매달리게 된 거지."

존슨이 말했다.

"그러면 에덴동산에 등장하는 뱀은 없는 셈 치는 건가?"

다윈이 물었다.

"없는 셈 치다니 천만의 말씀. 그 뱀이 바로 꼬리라고. 오늘날 뱀의 모습을 떠올려 보게. 몸통에서 분리된 꼬리처럼 보이지 않나?"

존슨이 말했다.

"그렇게 보이긴 하지."

다윈이 생각에 잠긴 얼굴로 대답했다.

"그렇게 보이는 건, 바로 그렇기 때문이라네. 아담과 이브는 금지

· THE F·RBIDDEN TREE ·

된 나무에 매달린 죄로 꼬리를 잃었고, 그들에게서 떨어진 꼬리는 살길을 도모하기 위해 스스로 움직이기 시작했던 거지."

존슨이 말했다.

"그런 생각은 미처 못 했네. 제법 그럴듯하군."

다윈이 고개를 끄덕이며 말했다.

"그럴듯한 정도가 아니라 지극히 합리적인 생각이지."

존슨이 거들먹거리며 말했다.

"그러면 오늘날의 뱀들에 대해서는 어떻게 설명할 건가?"

새커리가 의문을 제기했다.

"나는 그 뱀들이 인간들의 잃어버린 꼬리라고 믿고 있네."

존슨이 대답했다.

"남자, 여자, 아이 할 것 없이 모든 사람은 세상 어딘가에 자신만의 꼬리를 갖고 있다네. 자신만의 꼬리가 어디에 있는지는 아무도 모르지만, 그 꼬리는 꼬리의 주인이 살아 있는 기간 동안 함께 존재한다고 나는 믿고 있네. 그런데 사람들이 왜 뱀을 혐오하는지 아나? 그건 바로 뱀이 우리에게서 좋은 것을 빼앗아갔기 때문이지. 생각해 보라고. 아담의 꼬리가 금지된 나무에 매달리라고 아담을 유혹하지만 않았다면, 지금 우리는 일할 걱정 없이 종일 원숭이들처럼 에덴동산에서 느긋하고 행복하게 살았을 게 아니겠나?"

"그 문제에 대해서는 우리가 여기 앉아서 토론해 봤자 소용없을 것 같소."

리빙스턴 박사가 말했다.

"우리끼리 떠들어 봐도 결론은 나지 않을 테니 말이오. 유일한 해결책은 아담 본인에게 직접 물어보는 게 아닌가 싶소. 아담 역시 우리 회원이니 그에게 당시 정황을 물어보는 게 어떻겠소?"

"퍽이나 괜찮은 생각이로군."

새커리가 냉소적인 말투로 말했다.

"아담에게 찾아가서 '저기 대단히 죄송하지만, 혹시 당신은 과거에 원숭이였나요?'라고 물어보겠단 말이지? 아주 볼만한 장면이 되겠어."

"어디 물어볼 게 그것뿐이겠나? 오래전에 있었던 추문까지 일일이 들춰내며 꼬치꼬치 캐물어야 할 텐데……. 그게 어디 인간으로서 할 짓인가?"

허풍선이 남작이 끼어들었다.

"그런 무례한 행동을 할 생각을 하다니 정말 놀랄 지경이야. 리빙스턴 박사. 아프리카에서 오래 지내더니 예의범절에 대한 개념을 깡그리 상실한 건가?"

"차라리 내가 물어보는 게 낫겠어."

존슨 박사가 말했다.

"예의범절 같은 소리 하고 있군. 예의를 따지느라 인간의 지적 욕구를 포기하다니 말이 되는 소린가? 관습이란 지식인에게 가장 쓸모없는 거지. 그리고 나 같은 지식인은 관습 따위에 절대 얽매이지 않는다고."

말을 마친 존슨 박사가 전기 벨을 누르자, 즉시 심부름꾼 소년이 달려왔다.

"오늘 아담이 클럽에 왔나?"

공자가 물었다.

"가서 살펴보고 오겠습니다."

소년은 이렇게 대답하고 즉시 밖으로 나갔다.

"참 바지런한 소년이군."

새커리가 중얼거렸다.

"그건 그렇지만 우리가 응당 받아야 할 예우를 생각하면, 이 클럽의 서비스는 초라하기 짝이 없어."

다윈이 말했다.

"이 클럽에는 알라딘이 회원으로 있지 않나. 그 친구의 램프로 지니를 불러내서 온갖 일들을 시키면 좋으련만, 어째서 그 램프를 사용하지 못하게 하는 건지 모르겠군. 지니를 활용하는 편이 경제적으로도 훨씬 도움이 될 텐데 말이야."

"분명 도움은 되겠지. 하지만 나는 램프의 지니를 불러내는 어리석은 짓을 할 생각은 없네."

허풍선이 남작이 말했다.

"한 회원이 다른 회원을 병 속에 집어넣고 바다로 던져버릴 수 있을 만큼 무시무시한 힘을 가진 하인을 소환할 수 있도록 허가하는 조직 따윈 필요 없다고. 내게는 평범한 인간의 영혼이면 충분하다네."

허풍선이 남작이 말을 마친 순간, 심부름꾼 소년이 돌아왔다.

"아담 씨는 오늘 이곳에 오시지 않았습니다. 그리고 카론 관리자 님이 아담 씨의 회비가 3개월째 입금되지 않았다고 하시며, 그분은 당분간 이 클럽에 오시지 않을 거랍니다."

소년이 존슨 박사에게 말했다.

"차라리 잘됐군."

새커리가 말했다.

"그 친구가 나타날까 봐 내심 불안해하던 참이었거든. 그에게 에 덴동산에서 있었던 일에 대해 꼬치꼬치 캐묻고 싶진 않았네. 그건 인 신공격이나 다름없으니 말일세."

"아담에게 물어볼 수 없다면 또 다른 방법이 하나 남아 있군."

다윈이 말했다.

"아까 허풍선이 남작이 원숭이 언어를 할 줄 안다고 하지 않았나. 그 친구가 선사시대의 원숭이들을 찾아서 직접 그들에게 물어보면 될 테지."

"아니, 난 사양하겠어."

허풍선이 남작이 말했다.

"원숭이 언어는 배운 지가 오래되어서 이제 녹이 슬었다네. 그건 그렇고 자네는 말을 참으로 바보처럼 하는군. 자네는 원숭이 말 운운 하기 전에 인간의 말이나 제대로 배우는 게 좋겠어. 원숭이들의 언어가 얼마나 다양한지 알긴 아나? 원숭이들만의 프랑스어를 하는 프랑스 원숭이가 있고, 가장 야만적인 줄루족 방언을 쓰거나, 콩고의 욕지거리를 써 대는 아프리카 원숭이도 있지. 어쨌든 원숭이 언어는 수도 없이 많다고. 차라리 존슨더러 그의 추종자나 마찬가지인 보즈웰을 보내서 정보를 좀 알아오라고 하게. 뭔가 알아낼 게 있다면 보즈웰이 찾아올 거야. 그러면 우리는 보즈웰이 찾아낸 정보를 듣는 거지. 물론 보즈웰이 틀린 정보를 찾아올 수도 있겠지만, 틀림없이 내용은 흥미진진할 거야. 사실 내용이 진실이든 아니든, 무슨 상관이 있겠나? 재미있으면 되는 거지."

허풍선이 남작의 의견에 대해 다른 이들 역시 만족한 눈치였다. 하지만 아직 그 결과에 대해서는 보고 받은 바가 없다는 점을 밝힌다.

a houseboat on the styx

"맞는 말이야. 어서 빨리 그 문제를 매듭지으세.
'여성의 날'에 대해 재잘재잘 떠들어대는 것도 슬슬 따분해지고 있거든.
그리고 당구장에 곧 사람들이 들이닥칠 테니,
자리를 맡으려면 어서 서둘러야 한다고."

# a houseboat
# on the styx

# The 7th Game
# 여성을 초대하느냐, 마느냐
# 그것이 문제로다!

 "여기 오는 길에 엘리자베스 여왕 폐하를 만
났네."

하우스보트에 들어온 롤리 경이 외투를 벗어 맡기며 말했다.

"그래? 그게 뭐 대수로운 일이라고. 엘리자베스 여왕을 만나는 게
딱히 대단한 일은 아니잖나."

공자가 물었다.

"그렇긴 하지. 하지만 여왕께서 이 하우스보트 클럽에 제안을 하
나 하셨는데, 내가 보기에는 나쁘지 않은 제안인 것 같네. 여왕께서
말씀하시길 여자들이 우리 하우스보트 클럽 내부를 구경하고 싶어서
안달이 났다더군."

롤리 경이 말했다.

"여자들이란 불멸의 존재가 되어서도 현세에서와 하는 행동이 어

찌 그리 똑같은지."

공자가 못마땅한 목소리로 말했다.

"모든 걸 자세히 들여다보고 싶어서 야단법석을 떨어내니 말이야. 호기심 많은 자여, 그대 이름은 여자로구나!(이 문장은 희곡 〈햄릿〉의 독백 부분에서 '약한 자여, 그대 이름은 여자로구나!(Frailty, thy name is woman!)'라고 하는 문장을 변형한 것이다-역주)"

"아니, 그렇다면 여자들은 호기심을 가지면 안 된다는 건가? 뭔가를 알아내고자 하는 성향이 남자들의 전유물이라는 법이 어디 있나?"

롤리 경이 성마른 목소리로 말했다.

"여자들이 하우스보트 클럽 내부를 궁금해하는 게 뭐 어때서 그러나. 여자들이 그렇게 해준다면 우리로서는 오히려 영광스러워할 일이지. 나는 여자들을 우리 하우스보트에 초대하는 것에 찬성하네. 그리고 나는 3월 보름(the Ides of March: 고대 로마 달력으로 3월 15일을 뜻한다. '3월의 보름을 경계하라(Beware the Ides of March.)'라는 잘 알려진 표현이 있는데, 3월 15일은 율리우스 카이사르(Julius Caesar)의 암살의 날로 예언되었던 날로, 일반적으로 흉사를 경고할 때 쓰인다-역주)을 '여성의 날'로 지정해서 그날 여자들을 우리 클럽에 초대할 것을 제안하네."

"그러면 나는 삼월 보름날 몸보신하러 남쪽 지방에나 가야겠군."

공자가 언짢은 목소리로 말했다.

"가끔 마누라와 떨어져 있으려고 남자들이 클럽에 오는 건데, 그걸 못하게 하면 도대체 클럽이 무슨 의미가 있담. 남자들이 언제 클럽에 가는 줄 아나? 바로 집으로 가는 길이라네. 대부분 집에 가기 전에 발길을 멈추고 클럽에 들리게 되지. 그렇게 클럽을 제집 드나들 듯하다 보면, 결국엔 점점 자기 집이 불편해지는 거라고. 내가 보기에 자네는 '여성의 날'을 지정하는 거로도 모자라서 다음번엔 '아이들의 날'을 만들어서 클럽에 아이들을 초대하려고 들겠어. 그러다가 그다음엔 앵무새나 카나리아를 초대하자고 할지도 모르겠군."

"자네가 그토록 여성을 혐오하는지는 미처 몰랐군. 도대체 어쩌다 그 지경이 된 건가? 사랑에 크게 덴 적이라도 있었나?"

롤리 경이 놀라워하는 표정으로 말했다.

"이 몸이? 그런 말도 안 되는 소릴랑 집어치우라고!"

공자는 붉으락푸르락 달아오른 얼굴로 버럭 소리쳤다.

"어떻게 그런 생각을 할 수가 있나! 나는 지금까지 단 한 번도 여자에게 무릎을 꿇은 적이 없네. 비록 내가 이승에서는 혼인해서 유부남이 되긴 했지만, 내 처의 안부를 궁금해한 적은 단 한 번도 없어. 아마도 중국 어딘가에 살고 있긴 하겠지만 알게 뭐람. 내게 있어 죽음은 곧 이혼이나 마찬가지라고."

"자네 부인도 틀림없이 그 사실에 아주 만족하고 있을 거야."

롤리 경이 다소 불손한 말투로 말했다. 사실 롤리 경은 여성에 대한 예의라곤 한 톨도 찾아볼 수 없는 공자의 태도에 넌더리가 난 듯했다.

"한데 자네가 중국을 떠나서 이곳 하데스에 온 이후로 몇 번인 가 사랑에 빠졌던 거로 알고 있는데……. 스코틀랜드 여왕 메리(Mary Stuart, Queen of Scots 1542~1587: 스코틀랜드의 왕 제임스 5세의 뒤를 이어 어린 나이에 스코틀랜드의 여왕이 되었다. 프랑스 왕가의 왕비가 되었으나, 남편인 프랑소와 2세가 사망하자 다시 스코틀랜드로 귀환하여 헨리 단리와 결혼한다. 하지만 단리가 살해당하고, 메리는 남편을 죽인 부도덕한 여인으로 몰려 영국으로 망명을 요청하지만, 잉글랜드 왕위계승권을 가진 메리를 눈엣가시로 여긴 엘리자베스 1세에 의해 메리 스튜어트는 참수당한다. 메리 스튜어트의 아들은 어머니의 왕위계승권을 이어받아 엘리자베스 1세가 죽은 후 영국의 제임스 1세가 된다-역주)와 잔다르크(Joan of Arc, 1412~1431: 백년전쟁 후기에 프랑스를 위기에서 구한 영웅적인 소녀이다. 프랑스 동레미에서 한 소작농의 딸로 태어나 1429년에 "프랑스를 구하라!" 는 신의 음성을 듣고, 고향을 떠나 샤를 황태자(뒷날의 샤를 7세)를 도와 백년전쟁을 승리로 이끌었다. 하지만 적에게 잡혀 재판 끝에 마녀라는 죄를 쓰고, 이단으로 몰려 19세의 나이에 화형당했다-역주) 혹은 다른 몇몇 영혼들과 말이야. 하지만 모두에게 거절당하고 말았지. 자네의 여성 혐오는 거기서 비롯된 것이라고밖에 설명할 길이 없어 보이는군."

"난 결코 그런 적이 없다고."

공자가 딱 잡아떼었다.

"내가 가족이라는 족쇄에 묶여 있었다면 이곳 하데스는 내게 훨씬 덜 매력적이었을 거야. 어쨌든 자네가 정 그러고 싶다면 '여성의 날'을 정해서 이 하우스보트에 여성들을 초대하든 말든 마음대로 하라고. 대신 내 성향에 대해서 꼬치꼬치 묻고 따지지 말아 주게. 적어도 그날에는 클럽에 오지 않고 집안에 콕 틀어박혀 있어 줄 테니 말이야. 그건 그렇고 자네는 회원의 부인들에게만 이곳을 개방할 텐가, 아니면 남편의 회원 여부와는 상관없이 여자들이라면 누구든 이곳에 들어올 수 있게 할 생각인가?"

"모든 여성에게 개방하는 게 나을 것 같네."

롤리 경이 말했다.

"그렇지 않으면 내게 이 제안을 한 엘리자베스 여왕 폐하를 제외하는 꼴이 될 테니까. 자네도 알다시피 그분은 평생 결혼하지 않으셨거든(엘리자베스 1세는 '짐은 국가와 결혼했다'는 말로 유명하며, 실제로도 죽을 때까지 한 번도 결혼하지 않았다. 그리하여 영국인들은 그녀를 처녀 여왕(The Virgin Queen)으로 부르기도 했다-역주).

"엘리자베스 여왕이 결혼을 한 번도 안 했다고?"

공자가 깜짝 놀라며 물었다.

"그 사실은 전혀 몰랐는데. 하지만 그게 내 잘못이 아니라고. 내가 서당에 다니던 시절에는 엘리자베스 시대의 역사 따위 배우지 않았으니까. 설마 당시에 엘리자베스 여왕이 잉글랜드 전역을 다스렸던 건 아니었지?"

"여왕께서는 물론 잉글랜드 전역을 통치하셨네. 그런데 그건 왜 묻나?"

롤리 경이 물었다.

"그렇다면 엘리자베스 여왕이 결혼을 못 한 게 아니라, 스스로 평생 노처녀로 살기로 선택했다는 건가?"

공자가 물었다.

"내가 확신하기론 그렇다네. 그렇지 않을 이유라도 있나?"

롤리 경이 말했다.

"이유야 차고 넘치지. 대놓고 말하자면 솔직히 자네 말은 도저히 못 믿겠네, 롤리 경. 내 비록 여자들을 좋아하진 않지만, 자네처럼 여자에게 예의 바르고 기사도 넘치는 사람보다는 여자에 대해서 훨씬 더 잘 알고 있거든. 부디 열 받지 말고 듣게나. 그러니까 모든 남자를 쥐고 흔들 수 있을 정도로 절대적인 권력을 가진 여자가 평생 처녀로 산다는 건 말이지……, 한마디로 개나발 부는 소리란 말일세. 말도 안 되는 헛소리라고."

"이런 구닥다리 같은 인간 같으니."

롤리 경이 버럭 화를 내며 말했다.

"자네가 그걸 믿건 말건 바뀌는 건 없네. 엘리자베스 여왕께서는 하려고 드셨다면 결혼 따윈 백 번은 더 하셨을 분이니까. 그리고 바로 그 점이 날 뚜껑 열리게 만든다고!"

"그게 아니지, 롤리 경,"

드라이든(John Dryden, 1631~1700: 영국 시인, 극작가 겸 비평가로 영국의 첫 번째 계관시인이다. 왕정복고기의 대표적 문인으로 구약성서 등에 나오는 인물을 빗대어 왕을 적대시하는 사람들을 공격했고, 풍자시를 많이 썼다. 셰익스피어 비평으로도 유명하며 '영국 비평의 아버지'라고도 불린다-역주)이 빙그레 웃으며 말했다.

"자네의 머리 뚜껑을 연 건 제임스 왕(James I, 1566~1625: 제임스 1세는 스코틀랜드의 여왕인 메리 스튜어트와 단리 경 헨리 스튜어트 사이에서 태어났다. 잉글랜드의 엘리자베스 1세가 후계자를 남기지 못하고 죽자, 후계자로 지명되어 잉글랜드로 가서 스코틀랜드와 잉글랜드, 아일랜드의 공동 왕이 되었다. 하지만 의회 및 종교 세력과의 갈등을 빚으며 아들 찰스 1세에게 불안한 왕권을 넘겨주었다-역주)이라고. 이보게, 셰익스피어. 여기에 자기 머리를 벤 사람이 누군지도 모르는 얼간이가 하나 있다네(엘리자베스시대 영국에서 프랜시스 드레이크와 함께 최고의 모험가였으며 엘리자베스 여왕으로부터 신임을 얻던 월터 롤리 경은, 엘리자베스 여왕이 죽은 후 제임스 1세의 미움을 사, 반역죄로 체포되어 런던탑에서 오랜 수감생활을 하다가 결국 교수형을 당했다-역주)."

드라이든의 말에 롤리는 얼굴이 시뻘게져서 소리쳤다.

"머리가 아예 없는 것보다는 있었다가 사라지는 편이 훨씬 낫지! 드라이든, 이 애송이 같은 놈아. 남의 불행을 대놓고 비웃다니 언젠가는 죗값을 받게 될 거야! 자네가 생전에 썼던 책들에 대한 소문이 사실이라면 자네도 날 비웃을 자격이 없다고."

"뜬금없이 내 책 이야기는 왜 꺼내는 건가?"

드라이든이 성난 얼굴로 말했다.

"내 책이 대단히 인기 있는 건 아니지만, 적어도 그 책들은 모두 내가 쓴 거라네. 감히 원작자가 나라는 사실을 의심하는 사람은 없다고."

"자, 이제 다들 그만 진정하게."

존슨 박사가 불쑥 내뱉었다.

"고백하건대, 롤리 경! 드라이든이 자기 책의 원작자라는 사실에 대해서는 별로 문제 삼을 게 없다네."

"이런 세상에!"

공자가 외쳤다.

"시인들끼리 시끄럽게 말다툼하는 소리나 들어야 하다니, 정말 어이가 없군. 보자보자 하니, 여성의 날에 대한 논쟁보다 이게 더 가관이구면. 이러다가 여성의 날에 관한 토론은 이제 물 건너가겠어."

"다들 말이 점점 과격해지고 있는 것 같군."

그때 셰익스피어가 끼어들며 말했다.

"이제 정신없이 떠들어 대며 핏대만 세우는 대화는 집어치우고 본론으로 들어가자고. 내 생각엔 여성의 날을 지정해서 여성들을 초대하는 일은 아주 즐거운 유흥이 될 것 같네. 나는 그날 낭독할 기념 시를 한 편 짓겠어."

"기념 시를 낭독하겠다고? 그 의견에는 결단코 반대일세."

존슨 박사가 말했다.

"자네는 어쩌면 그렇게 개성이라곤 쥐똥만큼도 없는 건가? 기념

시 낭독은 평범한 인간들이나 하는 거라고. 우리 같은 불멸의 존재에게 기념 시가 무슨 소용이 있는지 나로서는 도무지 이해가 안 가는군."

"바로 그 때문에 기념 시를 쓰고 싶은 거라네. 그럴 만한 가치가 충분히 있다는 걸 내 직접 보여주지. 예를 들면 이렇게 말이야."

그러고 나서 셰익스피어는 즉시 시를 한 수 읊기 시작했다.

가장 어여쁘고 상냥하고 황홀한 여인들(ladies)이여
그대들의 매력이 가장 빛나는 이곳은 명계(Hades)이어라.

"어떤가, 존슨 박사. 명계(Hades)와 여인들(ladies)의 각운을 살리며 주제를 잘 표현한 시가 아닌가."

"그러니까 내가 자네더러 진부하기 짝이 없다고 말하는 거라네."

존슨이 한숨을 내쉬며 말했다.

"여인들(ladies)과 하데스(Hades)의 각운을 맞추는 건 어린애라도 할 수 있다고. 그런 진부함의 유혹에서 벗어나는 것이 바로 천재성이라네. 자네 같은 위대한 작가는 마음만 먹으면 '하데스'와 '자전거'를 엮어서도 멋진 시를 지을 수 있을 텐데, 결국 진부함의 유혹에 무릎을 꿇고 말았구먼. 아주 한심해! 아마추어 시인들의 시도 그보다는 낫겠어!"

"원칙적으로 보자면 존슨의 말이 맞네. 우리는 우리 클럽 내부를

공개하려고 여자들을 초대하려는 거지, 시 발표회를 하려는 게 아니잖나. 게다가 그런 형식적인 행사는 눈살을 찌푸리게 할 뿐이지."

롤리 경이 말했다.

"알겠어."

셰익스피어가 마지못해 말했다.

"뭐, 자네들 마음대로 하라고. 그러면 인상 찌푸릴 일도 없겠지. 시를 군이 안 써도 되면 나야 편하고 좋지. 멋진 시를 쓰는 게 어디 그리 쉬운 일인 줄 아나? 뭐, 제대로 된 시를 써 보려는 시도조차 한 적이 없는 자네들이야 그게 얼마나 어려운지 알 턱이 없겠지만 말이야."

"방금 우리가 들은 저 친구의 오만방자한 가정에는 침묵으로 답하기로 하세. 우리가 받은 모욕에 대한 적절한 대응으로 침묵만 한 게 없으니까 말이야."

드라이든이 느릿하게 말했다.

"그리고 내 생각에 우리가 이곳에 여성들을 초대한다면, 초대자 명단을 매우 신중하게 결정해야 할 걸세. 예를 들어, 우리의 친구인 헨리 8세가 이곳에서 그 많은 부인을 한꺼번에 만난다면 얼마나 민망한 일이겠나?(헨리 8세는 재위 중에 총 여섯 명의 왕비를 두었다. 첫째 왕비는 스페인의 공주 아라곤의 캐서린이었고, 둘째 왕비는 캐서린의 시녀였던 앤 불린, 그리고 세 번째 왕비는 제인 시모어였으며, 네 번째 왕비는 클레브스의 앤, 다섯 번째는 캐서린 하워드, 그리고 여섯 번째 왕비는 캐서린 파였다-역주) 마찬가지로 헨리 8세의 부인들끼리 서로 마주치는 것도 문제라네."

"무슨 말인지 잘 알겠어."

드라이든의 말에 존슨 박사가 맞장구쳤다.

"헨리 8세의 부인들끼리 서로 친한지 그렇지 않은지는 잘 모르겠지만, 적어도 헨리 8세가 앤 불린에게 크림과 케이크를 갖다 주겠다고 허둥대는 모습을 아라곤의 캐서린(Catherine of Aragon, 1485~1536: 아라곤의 페르난도 2세와 카스티야의 이세벨 1세의 넷째 딸로 잉글랜드 헨리 8세의 정비이다. 원래 잉글랜드의 헨리 7세의 장남인 아서와 정략결혼을 했으나 아서의 죽음으로, 결국 아서의 동생인 헨리 8세와 혼인하여 메리 공주를 낳는다. 후에 앤 불린과 사랑에 빠진 헨리 8세는 교황에게 캐서린과의 결혼을 무효화 하도록 요구했고, 결국 교황은 결혼 무효화를 거절했다. 이에 헨리 8세는 교황과 대립하여 영국 국교회인 성공회를 건립하고 캐서린과 헤어져 앤 불린과 결혼했다-역주)이 본다면 틀림없이 기분이 좋지는 않겠지. 그리고 뭐 앤 불린(Anne Boleyn, 1501?~1536: 헨리 8세의 두 번째 왕비이며, 엘리자베스 1세의 생모이다. 어린 시절부터 프랑스 궁정에서 예법을 닦았고, 프랑스어와 라틴어에 능숙했다. 잉글랜드로 돌아와 헨리 8세의 정비 아라곤의 캐서린의 시녀가 되었다가, 헨리 8세의 눈에 들어 왕비가 된다. 딸인 엘리자베스 1세를 낳았지만, 헨리 8세와의 불화와 정적들의 모함으로 런던탑에 감금되었다가 참수당한다-역주)도 마찬가지지. 헨리 8세가 앤 불린 앞에서 제인 시모어(Jane Seymour, 1507?~1537: 헨리 8세의 세 번째 왕비로 두 번째 왕비인 앤 불린의 시녀였다. 1536년 5월 17일 앤 불린이 사형을 당한 후 11일 만에 헨리 8세와 결혼한다. 헨리 8세와의 사이에 에드워드 6세를 낳았으나, 산후에 건강이 악화되어 얼마 후에 사망했다. 헨리 8세는 제인 시모어를 왕비 중 가장 아 꼈다고 말하며 그녀의 옆에 묻혔다-역주)나 캐서린 파(Katherine Parr, 1512~1548: 헨리 8세의 여섯 번째이자 마지막 왕비로, 노쇠한 헨리 8세를 이해심 있고 현명하게 대했다. 헨리 8세의 다른 자식들의 교육에도 정성을 쏟았다-역주)에게 친절하게 굴면서 남편 노릇을 하려 한다면 앤 불린 의 심기가 몹시 불편하지 않겠나? 내 생각에는 회원들이 직접 초대장 을 보낸다면, 한 회원당 초대 인원은 최대 두 명으로 제한해야 할 걸 세. 그리고 모든 회원에게 부인은 반드시 단 한 명만 초대하도록 양해 를 구하고 말이지."

"그것, 참! 난감하구먼."

롤리 경이 생각에 잠긴 채, 머리를 긁적이며 말했다.

"헨리 8세는 성격이 불같은 친구라서 그런 조항을 내걸면 길길이 날뛸 게 틀림없는데."

"내 생각에도 그럴 것 같네."

공자가 맞장구쳤다.

"자네가 헨리 8세에게 부인 중 한 사람만 초대해야 한다고 말하 면, 틀림없이 그 친구는 모자 장수처럼 미쳐서 날뛸 게 틀림없어. 그 친구에 대해서라면 울지(Thomas Wolsey, 1473~1530: 로마 가톨릭교 회의 추기경이자 정치가이다. 헨리 8세가 즉위하면서 권력의 핵심으로 등장하게 된다. 하지만 헨리 8세가 앤 불린과의 결혼을 위해 캐서린의 혼인 무효 소송을 진행했고, 교황 클레멘스 7세가 국제적 문제로 인해 결정을 내리지 못할 때, 울지는 국왕의 이혼을 지지하지 않았다는 이유로 헨리 8세의 신임 을 잃고 관저와 토지를 빼앗긴다. 이후 반역죄로 고발당해 런던으로 압송당 하다 죽음을 맞는다-역주)가 내게 낱낱이 말해 줬다고. 울지의 말이 사 실이라면 놈은 충분히 그러고도 남겠지."

"헨리 8세에 대해서라면 울지가 꽤 잘 알고 있지."

셰익스피어가 말했다.

"못 믿겠다면 보몬트(Francis Beaumont, 1584~1616: 영국의 극작 가로 플레처와의 합작 희비극으로 무대를 휩쓸어 만년의 셰익스피어의 강력 한 라이벌이 되었다-역주)와 플레처(John Fletcher, 1579~1625: 영국의 극작가. 〈처녀의 비극〉을 썼으며 특히 셰익스피어가 미완성으로 남긴 〈헨리 8세〉를 보완해서 썼다고도 한다-역주)가 쓴……, 아차! 그게 아니라, 그 두 사람이 매우 감명 깊게 읽었다는 〈헨리 8세〉를 읽어보면 된다네."

"윌리엄, 방금 자네 비밀을 스스로 폭로할 뻔했군."

존슨 박사가 은근한 미소를 지으며 셰익스피어의 옆구리를 쿡 찔 렀다.

"비밀이라니! 내게 비밀 따윈 없다고."

셰익스피어가 떫은 표정으로 말했다.

"내가 방금 한 말은 진짜라네. 보몬트와 플레처는 내 작품 〈헨리 8세〉를 읽고 엄청나게 찬양했다니까."

"그건 바로 자신들이 〈헨리 8세〉를 썼다는 데 대한 자부심의 표현이었겠지."

존슨이 말했다.

"아하, 그러셔? 결국, 자네는 내 작품 중에서 내가 쓴 건 하나도 없다고 말하고 싶은 건가?"

셰익스피어가 소리를 빽 질렀다.

"그래, 나를 뺀 모든 사람이 내 희곡을 썼어! 셰익스피어의 작품에 손가락 하나 안 댄 유일한 사람이 바로 나, 셰익스피어란 말씀이야. 어때? 자네에겐 이 농담이 아직도 재미있나? 나는 그 이야기라면 이제 신물이 날 정도야. 아주 지긋지긋하다고! 하지만 자네한텐 이런 이야기가 여전히 재미있다면 어디 계속해 보라고. 하지만 나는 내 작품들을 누가 썼는지 알고 있고, 자네가 뭐라고 하든 그 사실에는 변함이 없지. 자, 그럼 다음에는 또 무엇으로 트집을 잡을 텐가? 내 서명도 내 것이 아니라고 말해 보지, 그래?"

"나는 그런 말은 하지 않았네."

존슨이 나지막이 말했다.

"단지 자네가 자네 이름을 정확히 쓸 줄은 아는지에 대해 확실한 증거가 없다고 했을 뿐이지. 어떤 사람이 어느 날은 자기 이름을 쉭스퍼(Shixpur)라고 쓰고, 또 어느 날엔 쉬케스피어(Shikespeare)라고 썼다면 훗날 은행이 그 수표를 승인해 주지 않는다고 불평할 수는 없는 노릇이 아니겠나(실제로 셰익스피어의 서명과 관련하여 많은 논란이 있다.

셰익스피어의 서명은 세 가지 서로 다른 철자가 있으며, 정작 셰익스피어 본인은 서명할 때 가장 공식적인 철자인 Shakespeare로 쓴 적이 한 번도 없었다고 한다. 혹자는 셰익스피어가 본명이 아니라 Shake와 spear를 결합한 말 즉, '펜을 창처럼 휘두르는 자'라는 뜻으로 누군가가 만들어낸 예명이라고도 주장한다–역주)."

"요즘에는 내 수표를 제법 빨리 승인해 준다고."

셰익스피어가 퉁명스레 말했다.

"내 서명이 경매에서 오천 달러나 천 파운드에 팔리고 있는 마당에, 내 서명이 적힌 천 달러나 이백 파운드짜리 수표를 취급하지 않을 리가 있나. 은행은 멍청이가 아니라고."

"과연 *그렇겠군.*"

롤리 경이 입을 열었다.

"하지만 지금 자네의 수표나 희곡에 관한 이야기를 하자는 게 아니잖나. 우리는 '여성의 날'에 관한 주제로 논의 중이란 말일세. 이제 그 문제에 대해 결론을 내자고."

"맞는 말이야. 어서 빨리 그 문제를 매듭지으세. '여성의 날'에 대해 재잘재잘 떠들어대는 것도 슬슬 따분해지고 있거든. 그리고 당구장에 곧 사람들이 들이닥칠 테니, 자리를 맡으려면 어서 서둘러야 한다고."

공자가 말했다.

"그러면 '여성의 날'을 지정할 것을 의회에 청원하도록 하겠네."

드라이든이 말했다.

"찬성이야. 나도 서명하겠네. 훗날 여성의 날이 지정되는 걸 막기 위해서는, 일단 여성의 날을 만든 후에 폐지해버리는 수밖에 없으니까."

공자가 말했다.

"좋아, 나도 거기에 서명하지."

셰익스피어가 말했다.

"쉭스퍼(Shixpor)로 서명할 텐가, 아니면 쉬케스피어(Shike-speare)로 서명할 텐가?"

존슨 박사가 셰익스피어에게 빈정대듯 물었다.

"셰익스피어를 이제 좀 내버려 두게, 존슨."

롤리 경이 참견했다.

"그 친구는 서명 문제에 아주 민감하니까 말이야. 자네는 다른 사람의 사실관계를 꼬치꼬치 따지며 조롱하는 그 고약 버릇을 고치는 자세를 배워야겠어. 한데 드라이든, 무슨 일인가? 뭔가 할 말이 있는 표정인데."

"방금 떠오른 생각인데 말일세,"

드라이든이 운을 띄웠다.

"헨리 8세와 그의 부인들 문제는 위원회의 결정에 맡기면 되겠지만, 루크레치아 보르자(Lucrezia Borgia, 1480~1519: 교황 알렉산데르 6세와 반노차 카타네이의 외동딸이다. 형제로는 체사레 보르자, 후안 보르자 그리고 호프레 보르자가 있다. 루크레치아는 집안의 이해득실에 따라 세 번이나 정략결혼을 했는데, 첫 남편 조반니 스포르차와는 집안의 강압으로 혼인을 취소했고, 두 번째 남편 알폰소 비셸리에 공작은 암살당했다. 세 번째 남편 알폰소 데스테와는 비교적 안정된 결혼생활을 누렸다. 루크레치아의 가족은 냉혹한 정치와 성적 타락으로 잘 알려져 있으며, 루크레치아는 팜므 파탈이라는 비난을 받으며 훗날 수많은 미술품과 소설, 영화의 주인공으로 등장한다-역주)를 초대하는 일에는 좀 더 신중히 처리해야 할 걸세. 그녀와 연회장 안에 같이 있으면 도무지 음식이 넘어가지 않을 것 같으니까 말이야. 만일 루크레치아 보르자가 온다면, 나는 음식에 문제가 없다는 걸 확인하기 전에는 물 한 방울, 샐러드 한 조각도 입에 대지 않겠어(보르자 가문의 사람들은 비밀리에 '독약'을 써서 정적들을 처치했다는 후문이 있다. 가문의 일원인 루크레치아 역시 거슬리는 인물에게 독약을 먹여 죽였다는 소문이 있었지만, 실제로는 근거가 없는 이야기다-역주)."

"그러면 롤리 경이 아름다운 루크레치아 옆에 찰싹 붙어서 그녀를 챙기면 되겠군. 그녀가 독을 챙겨오지 않았는지 확인도 할 겸 말이지. 혹시 그녀가 독약을 가져왔다면 샐러드에 독을 넣진 않는지 두 눈 단단히 뜨고 지켜보라고."

공자가 롤리 경을 곁눈질하며 말했다.

"우리 클럽에서 여성들을 깍듯하게 대하기로는 롤리 경을 따라갈 사람이 없으니까 말이야. 롤리 경이라면 기꺼이 루크레치아를 도말아 줄 걸세."

"다른 여성들의 시중이라면 기꺼이 들겠지만, 루크레치아 보르자라면 사양하겠네."

롤리 경이 잘라 말했다.

그리하여 여성의 날을 지정할 것을 요청하는 청원서가 작성되었고, 청원서는 회원들의 서명을 거쳐 의회로 보내졌다. 그들은 심사숙고 후에 '여성의 날'을 지정하기로 했고, 루크레치아 보르자와 데릴라(Delilah: 구약성경 사사기에 등장하는 블레셋 여자로, 삼손의 아내이다. 삼손의 초인적 힘의 비밀을 캐기 위해 매수된 데릴라는 삼손의 머리카락이 그의 약점이라는 것을 알아내고, 삼손이 잠든 사이 그의 머리카락을 모두 밀어버린다. 머리카락이 사라지면서 힘이 약해진 삼손은 노예 신세가 되고 만다-역주)를 제외한 하데스의 모든 여성이 정식으로 초대받을 수 있도록 결정했다. 단, 개최 날짜는 아직 정해지지 않았다.

초대 명단에서 데릴라가 제외된 것은 삼손의 강력한 요청이 있었기 때문이다. 삼손은 말보다는 그의 우락부락한 근육을 앞세우며 자신에게 반대하는 회원들을 윽박질렀고, 결국 누구도 삼손의 제안을 거부할 수 없었다.

a houseboat on the styx

"자네는 하나만 알고 둘은 모르는군.
자네의 시대는 이미 지나갔다네.
사람들은 자네의 이야기를 들으러 극장에 가는 게 아니라,
자네 역할을 연기하는 사람들을 보기 위해
극장에 간다고."

# a houseboat
# on the styx

# The 8th Game
# 셰익스피어의
# 고민을 해결하라!

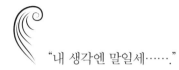

"내 생각엔 말일세……."

어느 날 오후, 클럽에 있던 셰익스피어가 따분한 목소리로 입을 열었다.

"불멸의 존재로 산다는 건 아주 따분한 것 같아. '중국에서 몇 천 년 동안 자전거를 타느니, 오십 년 동안 유럽에서 마차를 타는 편이 낫다'(이 문장은 테니슨이 남긴 말을 변형한 것이다. 원문은 '중국의 유구한 역사보다 유럽의 오십 년이 더 낫다(Better fifty years of Europe than a cycle of Cathay)'인데 뱅스는 긴 역사를 의미하는 'cycle'을 '자전거'라는 의미로 바꿔서 언어유희를 하고 있다-역주)라는 말도 있잖나."

"그런 이야긴 처음 듣는군. 자존심이 있는 사람이라면 그런 말을 하지 않을 거야."

존슨이 말했다.

"내가 그 비슷한 말을 하긴 한 것 같은데."

테니슨(Alfred, Lord Tennyson, 1809~1892: 영국 빅토리아 여왕 시대의 계관시인. 요절한 친구 아서 할램을 추모하는 시 「인 메모리엄(In Memoriam) A. H. H.」로 큰 주목을 받고, 빅토리아 여왕으로부터 남작의 칭호까지 얻었다. 매우 음악적인 언어를 구사하고, 형식과 기교가 뛰어난 시를 많이 남겼으며, 영국 시인 중 가장 사랑받는 시인 중 하나이기도 하다-역주)이 불쑥 말했다.

이 말에 존슨 박사가 주위를 두리번거리며 방금 말한 사람을 쳐다보았다.

"자네가 한 말이라고? 그런데 자네는 누구인가?"

존슨이 물었다.

"테니슨이오."

테니슨이 대답했다.

"이름이 아주 멋지군그래."

셰익스피어가 한마디 했다.

"테니슨이라……. 그런 성씨는 들어본 적이 없는데. 자수성가한 건가?"

존슨 박사가 말했다.

"그렇다네."

최근까지 계관시인이었던 테니슨이 자랑스럽게 말했다.

"어떤 일을 했나?"

존슨 박사가 물었다.

"나는 시인이라네."

테니슨이 대답했다.

"「록슬리 홀(Locksley Hall), 모드여, 정원으로 오라(Come into the Garden, Maude)」 등의 시를 썼지."

"쳇! 읽어 본 적도 없는 시로구먼."

존슨이 코웃음 치며 말했다.

"자네가 그의 시를 못 읽어봤다니 아쉽군."

칼라일(Thomas Carlyle, 1795~1881: 영국의 비평가 겸 역사가. 혁명을 지배계급의 악한 정치에 대한 천벌이라 하여 프랑스 혁명을 지지하고 영웅적 지도자의 필요성을 제창했다. 저서로는 『영웅과 영웅숭배(On Heroes, Hero-Worship, and the Heroic in History)』, 『프리드리히 대왕전(The History of Frederick II of Prussia, Called Frederick the Great)』 등이 있다-역주)이 큰 소리로 말했다.

"그 시들은 자네가 이곳 사후세계로 온 이후에 쓰인 것들인데, 아주 뛰어난 작품들이지. 자네가 죽은 이후에는 저쪽 세상이 문을 닫고 쉬는 줄 아는 모양인데, 그렇다면 단단히 착각하고 있는 거라고. 나 역시도 자네가 듣도 보도 못한 작품을 몇 개 남겼지."

"쳇!"

존슨 박사가 입꼬리를 올리며 비꼬듯이 말했다.

"자네에 대해서라면 들어 본 적이 있지. 자네는 『프리드리히 대왕전』을 아흔두 권쯤 쓴 인물이 아닌가."

"일곱 권이었네!"

칼라일이 소리쳤다.

"아, 그럼 그렇다고 치지."

존슨이 시큰둥하게 대답했다.

"그 책을 읽어보진 않았지만, 며칠 전에 프리드리히(Frederick the Great, 1712~1786: 프리드리히 빌헬름 1세의 아들 프리드리히 2세를 말한다. 슐레지엔을 점령하고, 7년 전쟁에서 승리하여 약소국이었던 프로이센을 유럽의 5대 강국으로 발전시켜 '대왕'이라는 칭호를 얻게 된다-역주)가 그 책에 관해서 이야기하는 건 들은 기억이 나는군. 보나파르트가 프리드리히에게 그 책을 읽어봤냐고 물어보자, 프리드리히는 시간이 없어서 못 읽어봤다고 대답하더군. 그러자 보나파르트가 '불멸의 존재인 자네에게 시간이 없다니 그게 무슨 말인가?'라고 놀라며 물었지. 이 말에 프리드리히가 뭐라고 했는지 아나? '나폴레옹, 자네도 한두 페이지만 읽어보라고, 그러면 내 말이 무슨 뜻인지 알 테니까'라고 하더라니까."

"프리드리히도 제법 유머 감각이 있군그래."

셰익스피어가 테니슨에게 눈을 찡긋하며 말했다. 그러고는 존슨과 칼라일에게 은근한 미소를 지어 보였다.

"프리드리히는 얼마 전에 나한테 어째서 생전에 자신에 대한 비극을 쓰지 않았냐고 물어보더군. 내가 그 친구보다 한참 전에 이곳 하데스로 왔다는 사실은 안중에도 없다는 듯이 말이야. 내가 그 사실을 지적했더니, 그 친구는 '난 그냥 농담한 거였는데'라고 말하더군. 그러자 내가 '농담인 줄 미처 몰랐네'라고 사과했지. 그랬더니 프리드리히가 '뭐 그럴 만도 하지. 자네는 영국인이니까'라고 말하는 게 아니겠나?"

"아주 무례하기 짝이 없는 발언이구먼. 우리 영국인들이 농담과 진담을 구별하지도 못한다는 건가!"

존슨이 씩씩대며 말했다.

"정말이지 무례하군."

칼라일이 끼어들었다.

"그건 정말 말도 안 되는 헛소리라고. 영국인들이 농담을 잘 이해하지 못한다는 속단은 금물이지. 전체적으로 보면 오히려 그 반대라고. 영국인들은 자기 생각을 말하기 전에 모든 것을 꼼꼼하게 따져보는 습성이 있거든. 그래서 설령 웃긴 부분이 있어도 곧바로 웃음을 터뜨리지 않고, 그것이 진짜 웃긴 것이라는 결정을 내리고 나서야 비로소 웃음을 터뜨린단 말이지. 그러고 보니 떠오르는 게 하나 있군. 생전에 프루드(James Anthony Froude, 1818~1894: 영국의 역사가, 소설가, 전기 작가로 칼라일에게 많은 영향을 받았다-역주)와 내가 멋진 마차를 타고 피카딜리 가(영국 런던에 있는 거리-역주)를 달리고 있을 때였지.

그때 프루드는 손에 〈펀치〉 잡지 한 부를 손에 들고 있었는데, 갑

자기 그 친구가 거기 실린 내용을 보며 미친 듯이 웃기 시작하더라고. 그래서 나는 그의 어깨너머로 그가 보고 있는 페이지를 살펴봤지. 그의 시선이 멈춘 부분을 읽으며 나는 그에게 '하나도 안 웃기는데, 뭐가 그렇게 우습나?'라고 물었다네. 그러자 프루드는 '사실 여기 실린 내용을 보고 웃은 게 아닙니다. 지난주에 똑같은 페이지에 실렸던 농담이 생각나서 웃은 거지요'라고 말하더군. 알겠나? 이게 바로 핵심이라고. 영국인들은 언제나 최신호의 풍자 잡지를 보고 웃는 게 아니라, 지난 호에 실렸던 내용을 떠올리며 웃는다 이 말씀이야. 부유한 영국인들이 집마다 재미있는 잡지들을 쌓아두고 사는 것도 바로 이 때문이지. 묵은 잡지들에 실린 내용을 떠올리며 즐거워하기 위해서라고. 바로 그런 점에서 영국인들은 섣불리 감정을 표현하기 전에, 그게 진짜 웃을 거리인지 아닌지 무게를 재는 신중한 사람들이라는 걸 알 수 있네."

"그래서 〈펀치〉 잡지 한 부의 무게는 대략 얼마쯤 되나?"

클럽 안을 어슬렁거리다가 뒤늦게 끼어든 알테마즈 워드(Artemas Ward, 1727~1800: 미국 독립 전쟁에 참여했던 미합중국 대륙군의 소장이며, 매사추세츠주 의회 의원으로 독립전쟁 당시 벙커힐 전투를 이끌었다-역주)가 남부 특유의 느릿한 말투로 물었다.

그의 말에 셰익스피어는 소리죽여 낄낄댔고, 칼라일과 존슨은 대화에 무례하게 끼어든 워드에게 불쾌함을 느끼며 세모 눈을 치켜떴다.

"그 질문에는 생각할 시간이 필요하네. 아마도 내일쯤에는 대답해 줄 수 있을 것 같군."

칼라일이 대답했다.

"내키면 일주일 정도 곰곰이 생각한 후에 대답해도 좋네."

워드가 말했다.

"영국인으로서 농담에 대처하는 자네의 입장은 충분히 이해했으니 말일세. 그건 그렇고 테니슨의 말로는 셰익스피어 자네가 이곳에서의 삶에 권태를 느낀다고 하던데……."

"어느 정도 그렇긴 하지."

셰익스피어가 입을 열었다.

"자네들은 어떤지 모르겠지만, 내게는 불멸의 삶이 마냥 편하고 즐겁지만은 않다네. 나는 일을 하고 싶어서 몸이 근질근질한데, 여기서는 연극이 별로 인기가 없단 말이지. 게다가 기획자들이 명예훼손 소송을 당할까 봐 겁내 하는 통에 연극을 공연하는 게 그리 만만치가 않단 말이지. 예컨대 내가 카시우스를 주인공으로 삼아서 희곡을 한 편 썼다고 해 보라고. 그러면 카시우스는 내가 자기 마음에 들지 않는 대사를 썼다는 이유로 공연 첫날밤에 토가 안에 단검을 하나 숨기고 올지도 모를 일이지. 문제는 그것만이 아니야. 극장 관리도 쉽지 않다고. 극장에서 폭동이 일어날 수도 있으니까 말이지. 어째서냐고? 내가 나폴레옹에 대한 희곡을 썼다고 썼다 쳐봐. 3막이 끝나고 자네들이 내 이름을 연호하며 손뼉을 칠 때, 특등석에 앉아서 연극을 관람하던 나폴레옹이 극 내용에 불만을 품고 박수 대신 폭탄 세례를 퍼부어 대면 어쩌겠나? 모든 게 엉망이 되는 거지."

"방법이 없는 건 아니지. 자네가 연극 내내 나폴레옹을 위대한 정복자로 묘사한다면, 나폴레옹이 폭탄을 퍼부어 댈 일은 없을 테니까."

테니슨이 말했다.

"뭐 분명 그렇긴 하겠지."

셰익스피어가 슬픈 표정으로 대답했다.

"하지만 웰링턴(Arthur Wellesley Wellington, 1769~1852: 영국의 군인이자 정치가. 포르투갈 원정군 사령관이 되어 나폴레옹의 군대를 이베리아반도에서 몰아냈다. 후에 엘바섬을 탈출한 나폴레옹 군을 워털루 싸움에서 격파했다. 이후 정치가로 활약하며, 보수당 총리가 되어 가톨릭교도 해방령을 성립시켰다-역주)이 다른 자리에 앉아서 연극을 보고 있다면 어떻게 되겠나? 그러면 필시 웰링턴으로부터 격렬한 공격을 받게 되겠지."

"정 그렇다면 아예 자네 얼굴을 안 비치면 될 것 아닌가?"

존슨이 물었다.

"아예 내 얼굴을 비치지 말라고?"

셰익스피어가 존슨의 말을 따라 외쳤다.

"첫날 밤 공연에서 사람들 앞에 서서 환호를 받지도 못하면 도대체 무슨 재미로 희곡을 쓰겠나? 그 맛에 작가를 하는 건데. 그건 작가의 특권이라고. 물론 첫날 밤 작가 인사가 없어도 전체적인 흐름에는 전혀 문제는 없겠지만……."

"그럼 무대 인사는 둘째 날부터 하면 되지 않나?"

워드가 남부 특유의 느릿한 어조로 말했다.

"그래, 뭐 안 될 게 뭐 있겠나?"

칼라일도 거들었다.

"거참 대단히 특출한 생각이군그래."

존슨이 비꼬듯이 말했다.

"맞아. 하지만 일주일만 기다려보자고. 일주일만 지나면 그제야 자네가 내 농담의 의미를 이해하고 웃음을 터뜨릴지 알게 뭔가."

워드가 말했다.

"어쨌든 내 생각은 변함이 없다네."

셰익스피어가 본래의 주제로 말을 돌렸다.

"그러니까 이쪽 세계와 저쪽 세계 양쪽 모두에서의 삶을 완벽하게 만족시킬 수 있는 시스템이란 없다는 거지. 생전에 우리가 죽음을 면할 수 없는 일개 인간이었을 때를 생각해보라고. 그때 우리는 인간이라는 한계를 안고서 온갖 제약 속에서 바쁘고 힘들게 일하며 살았지. 하지만 지금 우리는 불멸의 존재가 되어 무한한 자유를 누리고 있긴 하지만, 몸과 영혼을 다 바쳐서 매진할 일거리가 없지. 다시 말해 우리는 싸우고 싶어서 힘이 넘치는 쌈닭처럼 팔팔하지만, 정작 싸울 대상은 없는 상황이라네. 내가 생각하기에 가장 이상적인 삶이란 정신적·육체적 불멸이라는 무기를 가진 채 인간 세상으로 돌아가서 인간사의 문제에 매진하는 거라네."

"자기가 복에 겨운 줄도 모르는 자들도 있군."

보 브러멜(George Bryan "Beau" Brummell, 1778~1840: 영국의 섭정 시대 남성 패션의 선구자였던 인물이다. 브러멜은 조지 4세가 황태자였을 때 그와 가까이 지내며 당시 사교계에서 유행의 선구자로 화려한 생활을 했다. 하지만 황태자와의 사이가 벌어지고 빚에 쫓기게 된 그는 프랑스로 피신했고, 결국 그곳에서 가난과 정신쇠약으로 죽는다. 브러멜은 무릎 바지나 스타킹 같은 장식적인 옷차림을 거부하고, 짙은 코트와 긴 바지, 그리고 넥타이의 전신인 크라바트에 린넨 셔츠를 몸에 잘 맞게 재단하여 입는 댄디즘(dandyism) 스타일을 확립시켰으며 청결에 큰 관심을 쏟았다. 그는 멋쟁이를 상징하는 인물로 오늘날까지 큰 영향력을 미치고 있다-역주)이 입을 열었다.

"내게는 이곳에서의 삶이 정말 이상적이라네. 이곳에서는 기억만 가지고도 옷을 멋지게 차려입을 수 있으니 재단사에게 돈을 지급할 필요가 없거든. 나는 뛰어난 기억력을 발휘하여 생전에 입었던 멋진 옷들을 마음껏 떠올려서 차려입을 수 있다고. 덕분에 나는 이곳에서 단연코 옷을 제일 잘 입는 멋쟁이로 이름을 날리고 있다는 말씀이지. 사실 생전에 내가 지급하지 않은 청구서를 들고 재단사들의 영혼이 밤마다 나를 찾아오긴 하지만, 뭐 나는 외눈 하나 까딱하지 않는다고. 생전에 연체계좌를 들먹이며 재산을 압류하겠다고 나를 괴롭히던 집달관들은 하데스의 다른 구역에 살고 있거든. 이 얼마나 고마운 일인지! 나는 예전에는 집달관들이 낮은 계급이라는 사실을 안타까워했지만, 지금은 이 사실이 그렇게 반가울 수 없다네. 그렇지 않았다면 집달관들은 아마도 이곳까지 나를 찾아와서 들들 볶았을 테니 말이야."

"자네 말이 맞네, 브러멜."

허풍선이 남작이 끼어들었다.

"이곳에서의 삶은 인간 세상에서의 삶보다 훨씬 낫지. 자네들 중 내 회고록을 읽는 즐거움을 누린 이가 있다면, 내가 여행 중에 얼마나 많은 고난과 역경을 겪었는지 기억할 걸세. 만일 내가 수천 명의 아내를 거느린 동방의 어느 황제의 식탁에나 오를 만한 귀하디귀한 술을 점심 식사에 곁들여 마시고 싶다면, 나는 고작 술 몇 방울을 얻기 위해 누구의 도움도 없이 나 혼자 용기를 발휘해서 군대를 조직하고 배를 빌려 전쟁을 일으켜야 했을 걸세. 아니면 귀한 봉봉 과자를 먹기 위해 엄청난 힘과 노력을 쏟아서 제국 몇 개를 파괴해야 했을 테고 말이지."

"역시 상상력 하나는 끝내준다니까."

칼라일이 말했다.

"그렇게 머릿속으로 온갖 기술을 펼치다간, 얼마 안 가서 상상력이 고갈되는 건 아닌지 모르겠군."

"그렇지는 않을걸."

허풍선이 남작이 대답했다.

"사실 상상력을 발휘하는 연습을 하면 할수록 능력이 고갈되기는 커녕 오히려 훨씬 더 강해진다고. 어쨌든 요점은 이걸세. 이곳에서는 내가 저쪽 세상에서 겪었던 것과 같은 힘든 장애물 따위 없다는 거지. 이곳에서의 삶은 여유로움으로 충만하지. 만일 내가 지금 당장 오리구이와 차가운 음료를 먹고 싶다고 가정해 보라고. 나는 내가 생전에 그랬던 것처럼 그걸 얻기 위해 인류의 평화를 위협하고 스스로 위험한 상황으로 몰아가는 대신, 예전에 먹었던 오리구이와 차가운 음료에 대한 기억을 슬쩍 떠올리기만 하면 된다고. 그런 후에 품위 있고 우아한 자태로 차려진 진수성찬을 들면 그만이지. 마찬가지로 최상급 시가를 떠올리는 상상만으로도 유유자적하게 시가를 태울 수도 있다고."

"자네는 내 말을 곡해하고 있어."

셰익스피어가 말했다.

"난 이쪽에서의 삶과 저쪽에서의 삶 중 어느 쪽이 더 좋은지 우위를 따지자는 게 아닐세. 내 말은 이쪽 세계와 저쪽 세계를 섞은 것이 내게 가장 이상적이라는 거지. 간단히 말해서 나는 이곳에 살면서 매일매일 저쪽 세상으로 일을 하러 가고 싶다네. 마치 잠은 교외에서 자고, 돈은 도시에 나가서 버는 것처럼 말이야. 나 역시 잠은 이곳에서 자는 대신, 런던에 사무실을 하나 차려서 그곳에서 일하고 싶네. 이런 간판을 내걸고 말이지.

# 극작가 윌리엄 셰익스피어

잠시만 앉아 계시면

원하시는 희곡을

뚝딱 완성해 드립니다.

그러면 일이 마구 쏟아질 텐데 말이야."

"이 친구야, 다시 한번 생각해보게."

테니슨이 셰익스피어에게 조언했다.

"자네는 하나만 알고 둘은 모르는군. 자네의 시대는 이미 지나갔다네. 사람들은 자네의 이야기를 들으러 극장에 가는 게 아니라, 자네 역할을 연기하는 사람들을 보기 위해 극장에 간다고."

"테니슨의 말이 맞아."

워드가 덧붙였다.

"그리고 그치들은 자네를 들들 볶아대며 괴롭힌다고. 친애하는 윌리엄. 사람들이 자네를 그렇게 들었다 났다 하며 마구잡이로 다루는 걸 보면, 무덤에 묻힌 자네의 육신이 어지럽진 않은지 걱정이 될 지경이라고."

"내가 영원히 시대에 뒤처지지 않는 방법은 없겠나? 물론 나도 시대의 흐름에 따라야 한다는 건 알고 있네. 하지만 이렇게 완전히 뒤처진다는 건 도무지 받아들이기 힘든 가혹한 운명이로군."

셰익스피어가 말했다.

"자네가 시대에 뒤처진 게 아니라 시대가 자네에게 뒤처진 거라네. 오늘날에도 여전히 셰익스피어를 원하는 이는 아주 많다고. 다만 새로운 작품이 없을 뿐이지."

칼라일이 끼어들었다.

"자네 말이 맞는다면 내 성공은 보장된 거로구먼."

셰익스피어가 말했다.

"아니, 꼭 그렇다는 건 아니야."

칼라일이 대답했다.

"자네는 속도를 못 따라갈 걸세. 오늘날 세상은 자네가 살던 시대보다 훨씬 더 빨리 돌아가고 있거든. 요즘 극작가들은 한 번에 서너 개의 희곡 정도는 너끈히 써낸다고. 바야흐로 '타자기'의 시대에 도래했거든. 그리고 그 행렬에 동참하려면 이전에는 한 번도 시도해 본 적이 없는 새로운 방식으로 일해야 할 걸세."

"그 말이 맞네."

테니슨이 맞장구쳤다.

"자네는 우선 양손을 쓰는 법을 배워야 할 걸세. 그래야 타자기를 두 개 동시에 쓸 수 있을 테니 말이야. 솔직히 자네가 오른손으로 비극 한 편을 치면서, 왼손으로는 다른 타자기로 희극을 치는 모습이 상상은 잘 안 되긴 하지만……."

"뭐 모를 일이지. 요즘 잘 나가는 작가들처럼 셰익스피어도 솜씨를 부릴지 알 게 뭔가?"

워드가 말했다.

"일단 종이 인형극을 한 편 써보는 건 어떻겠나? 가위 한 자루를 들고 모든 걸 싹둑싹둑 잘라 버리는 거지. 제대로만 된다면 이런 시를 읊을지도 모르지.


오, 내게 가위와 풀을 가져다주시오.

그리고 오래된 희곡들도 수십 편 가져오시오.

내가 그 희곡들을 자르고 붙여서

그대를 위해 두 달 동안 상연할 수 있는

연극 한 편을 뚝딱 만들어 주리다.


오, 내게 드레스를 가져다주시오.

비단과 레이스로 장식된 드레스를.

그리고 조 밀러(Joe Miller, 1684~1738: 영국의 배우이다. 그가 죽은 후에 247개의 유머가 담긴 『조 밀러의 유머집(Joe Miller's Jests)』이라는 책이 출간되어 큰 인기를 누렸고, 이후 Joe Miller는 '소화집' 또는 '진부한 농담'을 나타내는 단어가 되었다-역주)의 유머집도 한권 가져오시오.

그러면 오래된 연극들을 우스꽝스러운 희곡으로 바꾸어

극작가들을 격분하게 만들어 주리다.

그러니 내게 가위와 풀을 가져다주시오.

그리고 오래된 희곡들도 수십 편 가져다주시오.

화려한 드레스와 대중적인 취향을 더해서

온갖 노력을 기울여서 그대를 즐겁게 하오리다.


자, 어떤가?"

"자네의 이야기를 들으니 요즘 세상에 대해 회의가 느껴지는군."

워드의 말에 셰익스피어가 슬픈 목소리로 말했다.

"사실이 그렇다네."

칼라일이 말했다.

"요즘 세상은 예전과는 천지 차이라고. 자네들은 오랫동안 명성을 누렸지만, 요즘 세상에서는 사람들이 거들떠보지도 않는 떨거지 신세를 면치 못할 걸세. 오늘날 호머가 쓴 시를 실어 주는 잡지는 어디에도 없어. 비록 디오게네스의 농담은 여전히 유머 잡지에 간간이 실리긴 하지만, 고작 그 정도로는 자기 밥벌이는 고사하고 자신이 거주하는 통에 부과된 세금을 내지도 못할걸."

"맞는 말이야."

테니슨도 맞장구쳤다.

"장담컨대 뛰어난 칼솜씨로 정평이 난 달타냥, 아토스, 포르토스, 그리고 아라미스(알렉상드르 뒤마의 소설 『삼총사』에 등장하는 용감한 인물들-역주)가 힘을 합쳐도 오늘날 런던에서 단 하루도 못 버틸 걸세."

"뉴욕에서도 마찬가지일걸."

그들의 이야기를 흥미롭게 듣고 있던 바넘이 끼어들었다.

"뉴욕 경찰들이 그 사총사를 한 손에 움켜쥐고 짤짤 흔들어 댈 테니 말이야."

"자네들 말이 맞는다면 한때 천하를 범처럼 호령했던 우리가 요즘 사람들에 눈에는 박제된 호랑이 정도로 보인다는 뜻인가?"

셰익스피어가 입을 열었다.

"뭐 대충 그런 셈이지."

칼라일이 대답했다.

"하지만 요즘 사람들의 시선을 끌 방법이 있다네."

바넘이 화색이 도는 얼굴로 말했다.

"다리가 다섯 개 달린 송아지도 부러워 죽을 만큼 엄청난 인기를 끌 수 있을 비장의 무기가 있다고. 그건 말이지……, 자네와 카이사르, 그리고 나폴레옹 보나파르트와 네로가 다 같이 서커스에 출연하는 거라고! 그러기만 하면 엄청난 돈을 쓸어 담을 수 있을 거야."

"그래. 좋은 기회야, 윌리엄."

워드가 셰익스피어를 부추겼다.

"보나파르트와 카이사르를 위해 희곡을 쓰고, 네로에게는 바이올린 연주를 맡기도록 하게나. 바넘처럼 뛰어난 흥행술사가 공연을 맡아서 관리해 준다면, 자네는 한 철 공연만으로도 전설로 남을 수 있을 거야."

192

"아무렴, 나만 믿으라고."

바넘이 자리에서 벌떡 일어나며 말했다.

"계획이 정리되면 내게 알려주게나. 지금 당장 이곳에서 자네와 계약서에 도장을 찍고 싶지만, 아담과 약속이 있어서 먼저 가봐야겠네. 그 친구가 우리에 가두지 않고도 야생 동물들을 관리하는 비법을 알려주기로 해서 말이지. 그럼 나는 이만. 잘 있게나."

"쳇!"

바넘이 사라지자마자 셰익스피어가 콧방귀를 뀌었다.

"참으로 건방지기 짝이 없는 제안이로군. 원숭이들이 상류 사회에서 활개를 치고 다니는 세상을 위해서 이 위대한 극작가 윌리엄 셰익스피어가 서커스의 여흥 거리용 연극을 써야 한다니."

"안타깝지만 현실이 그렇다네."

새커리가 조용히 말했다.


하지만 셰익스피어는 진심으로 그 일을 맡을 생각은 없었던 것 같다. 새커리가 상류 사회와 원숭이들에 대한 현실을 넌지시 알려주었는데도, 셰익스피어는 여태까지 바넘의 제안을 받아들이지 않고 있기 때문이다. 비록 서커스 매니저의 관점에서 보았을 때, 흥행 가치는 충분했는데도 말이다.

a houseboat on the styx

"정말 호머의 말이 맞네, 페이디아스.
내 얼굴을 어처구니없이 희화화한 동상의 예를 들어보자고.
만일 그 동상이 청동 대신 돼지비계로 만들어졌다면
그 끔찍한 동상은 진즉에 사라졌지 않았겠나."

# a houseboat
# on the styx

# The 9th Game
# 불멸의 요리사를 위하여
# 그리고 버터를 위해 변명하라!

로버트 번즈와 호머는 하우스보트 내에 있는 식당의 작은 테이블에 앉아, 잘 차려진 점심을 들며 여러 가지 주제로 토론을 하고 있었다.

"오늘 우리는 정말 운이 좋군. 오리고기가 아주 잘 익었어."

번즈가 잘 익은 오리고기를 두 조각으로 자르며 말했다.

"정말 그렇군."

호머가 의자를 테이블 쪽으로 바짝 당겨 앉으며 말했다.

"지난주 목요일에 여기서 먹었던 음식에 비교하면, 이건 신들의 만찬이나 마찬가지로군. 이 환상적인 음식을 최초로 만든 이가 누구인지 궁금해서 미칠 지경이야."

"그게 누군지는 모르겠지만, 필시 요리에 일가견이 있는 자였을 게 틀림없어."

번즈가 입맛을 쩝쩝 다시며 말했다.

"하지만 참으로 안타까운 일이 아닐 수 없군, 호머. 요리는 영원히 기억될 방법이 없다는 게 말이야. 요리하는 행위는 시를 쓰는 것만큼이나 예술적인 행위라네. 그러니 사람들에게 영원히 기억되는 시인들이 존재하듯, 영원히 기억되는 요리사도 존재해야 마땅한 일이라고. 둘 사이에 다른 점이 있다면, 시인들은 자신의 작품을 글로 남긴다는 것뿐이야. 그건 아주 커다란 장점이지. 덕분에 시인들은 시를 통해 독자들의 영혼에 직접 다가갈 수 있을 뿐만 아니라, 서명을 통해 자신의 이름을 길이 남길 수 있으니 말이네.

그에 비교하면, 요리사들은 자신의 이름을 후대에 알릴 방법이 없으니 이 얼마나 딱한 운명인가! 요리사들도 시인과 마찬가지로 공들여 작품을 남길 뿐만 아니라, 최초에 그 요리를 먹는 이들에게 마음속 깊은 감동을 선사해 주지. 하지만 요리에는 자기 이름을 쓸 수 없으니 자신의 이름을 남기는 건 불가능하다고. 만일 요리사들이 자신이 만든 음식에 서명을 남길 수만 있었다면 사정은 완전히 달라졌을 걸세."

"과연 그렇군. 정곡을 찌르는 말이야."

호머가 고개를 끄덕이며 말했다.

"하지만 그 사실보다 더 우려되는 건 우리처럼 창의력이 풍부한 사람들조차도 그 문제를 해결할 방법이 없다는 걸세. 자네의 입장은 어떨지 모르겠지만, 나는 닭이나 오리구이, 그리고 플랩 잭(귀리, 버터,

설탕, 시럽으로 만든 두꺼운 비스킷-역주) 등 내가 여기서 먹는 음식들에 요리사의 이름이 붙어 나오는 건 반댈세. 물론 한 폭의 그림 같은 오믈렛도 있긴 하지만……."

"맞아. 나는 터너(Joseph Mallord William Turner, 1775~1851: 19세기 영국 최대의 풍경 화가이다. 불우한 환경을 딛고, 어린 나이에 왕립 미술 아카데미에 입학하여 전시회를 여는 등 두각을 나타냈다. 독창적인 표현법으로 풍경화를 그렸으며, 세상을 자신만의 시각으로 관찰하여 날씨, 물, 빛의 변화를 충실하게 그려냈다. 이후 인상파 화가들에게 큰 영향을 미쳤다. 대표작으로는 〈전함 테메레르〉, 〈난파선〉, 〈수장(水葬)〉 등이 있다-역주)의 〈석양〉이라는 작품을 연상시키는 오믈렛을 본 적도 있다고."

번즈가 호머의 말을 이어받으며 말했다.

"정말 그런 오믈렛도 있었지. 하지만 터너가 캔버스 한구석에 '터너 작(作)'이라고 자기 이름을 써넣는 건 상관없지만, 요리사가 오믈렛 한구석에 자기 이름을 쓰는 건 거슬린다고."

호머가 말했다.

"그래, 좀 거슬리긴 해."

번즈가 맞장구를 쳤다.

"하지만 음식에 이름을 쓰는 대신, 요리사의 이름표를 달아 놓는 건 어떻겠나?"

"그것도 하나의 방법이긴 하지."

호머가 말했다.

"하지만 결과는 마찬가지일 걸세. 이름표가 없어질 수도 있고……, 아니면 조심성 없는 종업원이 음식이 담긴 쟁반을 쏟는 바람에 허둥대며 음식을 다시 차리다가 실력 있는 요리사와 형편없는 요리사의 이름표를 뒤섞어 놓을 수도 있으니 말이야. 아무래도 이름표를 붙이는 방법은 안 먹힐 걸세."

"방금 다른 방법이 하나 떠올랐네."

번즈가 말했다.

"물론 이 방법을 강 너머의 인간 세상에 적용하려면 시간이 좀 걸리긴 하겠지만……. 그러니까 내 생각은 이렇다네. 위대한 시인이 위대한 요리사를 위해 자신의 천재성을 빌려주는 거지. 즉, 요리사의 이름을 후대에 남기기 위해서 시인이 그 요리사의 이름을 넣어서 시를 짓는 걸세. 예를 들면, 자네가 어느 날 기가 막히게 훌륭한 거북 요리를 먹었다면, 돈호법(사람이나 사물의 이름을 불러 주의를 새롭게 환기하는 화법의 일종-역주)을 써서 그 요리를 한 사람의 이름을 맨 첫 문장에 넣어서 시를 한 수 짓는 거야. 이런 식으로 말이지."

이렇게 말하고 번즈는 시 한 편을 읊조렸다.

오, 다이나 러드! 오, 다이나 러드!
그대는 진정 고귀한 피가 흐르는 요리사로다.
이토록 죄 많은 세상에서
이보다 뛰어난 거북 요리는 맛본 적이 없으니!

"자, 어떤가? 이제 감이 오나?"

번즈는 호머에게 기대에 찬 눈빛으로 물었다.

"자네가 말하고자 하는 바는 충분히 이해했네, 친구. 하지만 고작 그걸로 요리사가 명성을 얻기에는 부족하지 않겠나? 설령 요리사를 찬양하는 시가 있다 해도, 그것만으로는 요리사의 능력에 대한 결정적인 증거가 되지 못하니 말일세."

호머가 말했다.

"자네가 거북 요리의 장점을 그저 분석적으로 늘어놓는 방식으로 시를 쓴다면 그렇겠지."

번즈가 지적했다.

"그러니 분석하려 하지 말고, 그 요리에 대해 아주 생생한 묘사를 하란 말일세. 독자들이 자네의 시를 읽기만 해도 마치 그 요리를 직접 맛본 것 같은 느낌이 들도록 말이야."

"아하, 바로 그 말이군!"

호머가 흥분해서 외쳤다.

"거참, 대단한 계획이야. 한데, 그 계획을 어떻게 실행하느냐가 문제로구면."

"우리가 인간 세상으로 가서 유령의 모습으로 현대 시인들 주변을 떠돌며 방법을 알려 주면 되지 않겠나."

번즈가 제안했다.

"그러면 우리 생각을 받아들인 현대 시인들이 우리가 원한 방식대로 요리사들에 대한 시를 세상에 퍼뜨리는 거지."

"좋아!"

호머가 외쳤다.

"당장 시작해 보자고. 오늘 밤에라도 유령의 모습으로 세상을 떠돌아다니고 싶군. 내 비록 아주 오래된 유령이지만, 인간 세상에 출몰하는 일을 마다한 적은 한 번도 없었다네."

호머가 말을 마쳤을 때, 아주 잘생긴 영혼 하나가 식당 안으로 들어왔다. 그 영혼은 클럽 회원들의 저녁 식사용 테이블 상석에 자리를 잡고 앉았다.

"아니, 이게 누군가!"

호머가 그를 보고 반가운 얼굴로 외쳤다.

"자네는 페이디아스(Phidias, BC 500?~432?: 그리스의 조각가. 뛰어난 신상들을 제작했고, 파르테논 신전에 길이 163m의 프리즈를 남겼다. 고대 문헌을 통해 알 수 있는 작품으로는 아테나 파르테노스, 아테나 프로마코스, 올림피아의 제우스 좌상 등이 있다-역주)가 아닌가?"

"뭐, 그렇긴 하지. 지금 내게 남아 있는 건 내 겉모습밖에 없으니까."

페이디아스가 심드렁한 목소리로 말했다.

"이리 와서 우리와 함께 점심이나 같이 드세나. 번즈는 이미 알고 있지?"

호머가 페이디아스에게 말했다.

"그 친구는 한 번도 만난 적은 없네만."

페이디아스가 대답했다.

이 말에 호머는 번즈와 페이디아스를 서로에게 소개했다. 인사를 마친 후에 페이디아스는 호머 옆에 앉았다.

"자네는 시인인 번즈의 친척쯤 되나 보지?"

페이디아스가 번즈를 향해 물었다.

"내가 바로 그 번즈라네."

번즈가 대답했다.

"정말인가? 자네 동상에 새겨진 얼굴과는 전혀 달라서 몰라봤네."

페이디아스가 번즈의 얼굴을 자세히 뜯어보며 말했다.

"그래, 퍽 다행인 일이지!"

번즈가 고개를 끄덕이며 말했다.

"만일 내 얼굴이 동상에 새겨진 얼굴과 똑같다면 난 자살하고 말 테야."

"자네 동상을 만든 조각가들을 명예훼손죄로 당장 고소하지 그러나."

페이디아스가 말했다.

"잔뜩 골이 난 목소리로군, 페이디아스. 조각가들이 자네에게 해코지라도 한 건가?"

호머가 진지한 목소리로 물었다.

"그랬지."

페이디아스가 대답했다.

"나는 방금 인간 세상을 여행하고 막 돌아온 참이야. 한데, 이 타락한 세상에서 소위 '조각'이라고 하는 것들을 보고 왔는데……. 나원 참. 꼴에 그런 것들도 조각이랍시고 만들어 놓은 걸 보니, 속에서 천불이 나서 참을 수가 있어야지. 나한테 조각칼과 접착제만 던져준다면 나는 야구 방망이 하나를 깎아서도 그것보다 백 배는 나은 작품을 만들 수 있다고."

"나도 야구 방망이를 가지고 좋은 작품을 만들 수 있네."

번즈가 말했다.

"대신 재료로는 내 동상을 만든 조각가들의 머리통을 쓰겠어. 그런 다음, 야구 방망이를 휘둘러서 그놈들의 코를 날려 버려야지. 그러면 자네가 파르테논 신전에 조각한 프리즈(건물의 윗부분에 그림이나 조각으로 띠 모양의 장식을 한 것-역주)와 비슷할 테니 말이야."

"거참, 뒤끝 한번 끝내주는 친구로구먼."

호머가 말했다.

"자네가 야구 방망이로 코를 날려 주고 싶다고 이를 갈며 비난하는 조각가들은 사실 자네에게 커다란 도움이 되어주었다는 사실을 잊지 말게. 그 조각가들이 만든 자네의 동상 덕분에 자네는 땡전 한 푼 안 들이고 자네의 책을 홍보한 셈이라고. 아마도 영국 곳곳에 자네의 동상이 세워지지 않았더라면, 수많은 사람은 죽을 때까지 스코틀랜드의 번즈가 위대한 시인이 아니라, 스코틀랜드에 있는 자그마한 개울의 이름이라고 착각하며 살았을 게 틀림없다고(burn은 '개울'이라는 뜻이 있다-역주). 이런 마당에 조각가들이 자네 얼굴을 아도니스처럼 아름답게 만들어 주지 않은 게 도대체 뭐가 그리도 억울하다는 건가? 자네가 직접 자네 동상을 하나 만든 후에 그들에게 똑같이 만들어 달라고 했던 적도 없으면서 말이지. 혹 속임수가 있었다면, 속은 건 자네가 아니라 인간들일세. 그리고 그런 하찮은 인간들의 의견에 신경 쓸 이유가 뭐 있겠나?"

"지금까지 그런 생각은 미처 못 해봤네."

번즈가 입을 열었다.

"하지만 난 내 얼굴이 희화화되는 건 질색이라고. 물론 다른 사람들의 얼굴을 웃기게 표현하는 건 재밌지만……. 하지만 내가 희화의 대상이 되는 건 사양일세."

"자네는 불멸의 존재인 척하지만, 여전히 인간적인 면을 제법 많이 가지고 있는구먼."

호머가 말했다.

"그 점에서는 나도 마찬가지라네."

페이디아스가 번즈의 편에 서기로 한 듯 자기 뜻을 밝혔다.

"그리고 나는 인간적인 면을 거의 잃어버린 이들을 안타깝게 생각해. 나는 한때 인간이었다는 사실이 만족스럽네. 인간이었을 때 나는 좋은 시간을 보냈고, 설령 다른 이들이 그걸 몰라준다 해도 상관없다네. 나는 세상을 창조했답시고 거들먹대는 주피터(고대 로마 최고의

신으로 하늘을 지배한다. 그리스 신화의 제우스에 해당하는 신-역주)나, 혹은 신성한 능력이 없다면 나폴레옹보다도 못한 깡통 전사 같은 마르스(로마 신화에서 전쟁의 신으로 그리스 신화의 아레스에 해당한다-역주)와 비교해서 내 삶을 돌아보면, 나는 신들과는 달리 순수하게 인간적인 노력을 통해 불멸의 존재가 되었음에 감사하고 있다네. 신들은 태초부터 '불멸의 존재'였지만, 자네나 나는 노력해서 스스로 명성을 얻고 불멸의 존재가 되지 않았나. 다시 말해, 우리는 태초부터 불멸의 존재였던 것이 아니라, 우리 스스로 노력을 통해 명성을 얻음으로써 불멸의 존재가 되었지. 안 그러나, 번즈?"

페이디아스의 말에 번즈는 고개를 끄덕이며 동의를 표했다. 페이디아스는 말을 이었다.

"나는 딱히 앙심을 품거나 뒤끝이 있는 사람이 아니라네, 호머. 지금까지 나에게 상처를 준 사람도 없었고, 살면서 조각에 대해 딱히 못마땅하게 생각한 적도 없다네. 인간 세상에서 구두를 정말 기가 막히게 만들어 내는 구두장이를 하나 알고 있지. 그리고 지난달에 런던의 한 음식점에서는 내 조각 작품만큼이나 정교하고 예술적인 솜씨로 고기를 썰어내는 주방장을 본 적도 있다네. 나는 이러한 이들의 실력에 경의를 표한다네. 단, 내가 반대하는 건 조각이라는 행위 자체가 아니라, 이 시대의 경향일세. 요즘 세상은 우리 시대와는 아주 달라졌어. 우리 때랑은 달리, 요즘 조각가들은 평생에 걸쳐 단 하나의 걸작을 만들어 내는 거로는 만족하지 못해서 대량 주문을 받거든. 과거에 내가 조각을 만들 때 나는 번득이는 발상이 찾아오기를 기다렸지만, 오늘날 조각가들은 고객이 찾아오기를 기다리지. 그리고 요즘 예술가들은 돈만 받는다면 고객이 원하는 재료로, 고객이 원하는 사람의 흉상을 바로바로 제작해 준다는 말씀이야. 얼마 전에는 새로운 돼지비계를 발명해 낸 사람의 전신상을 본 적도 있다네. 그런데 그 전신상을 만든 재료가 무엇이었는지 아나? 금? 천만의 말씀. 아니면 상아? 혹은 대리석? 모두 틀렸어. 바로 돼지비계였다고! 심지어 나는 버터로 만들어진 여인의 두상을 본 적도 있다네. 그걸 보고 나는 한때 내가 온몸을 바쳐 헌신했던 조각이라는 예술이 이토록 타락했다는 데 대해 환멸을 느꼈다네."

"자네가 살던 시대는 지금이 아니라, 그리스 시대잖나. 그리고 자네는 그곳에서 이미 최선을 다했고 말이지."

호머가 껄껄 웃으며 말했다.

"그런 농담은 별로 재미있지 않군."

페이디아스가 불쾌하다는 듯 대꾸했다.

"내가 대리석으로 프리즈를 조각하던 시절에, 나는 조각이 점점 쇠퇴기를 맞고 있다고 생각했다네. 하지만 버터나 돼지비계를 온갖 보석으로 치장한다 해도, 그것보다는 대리석이 백배 낫다고."

"모든 건 다 나름의 쓰임이 있지."

호머가 말했다.

"빵에 발라 먹기에는 대리석보다 버터가 백배 나으니까. 하지만 버터는 조각의 재료로써는 매우 형편없다는 건 나 역시 인정하네."

"정말 그렇다고."

페이디아스가 말했다.

"물론 연습 재료로 버터를 쓰는 건 나쁘지 않지. 하지만 버터로 만든 조각품을 만인 앞에 전시한다니……. 그건 생각만 해도 끔찍하다고."

페이디아스는 버터를 조각의 재료로 사용하는 것에 대한 멸시를 드러내기 위해, 나무로 된 이쑤시개를 하나 집어 들더니 자그마한 접시 위에 놓여 있던 버터 덩어리로 순식간에 미네르바(로마 신화에서 지혜와 전쟁의 여신. 그리스 신화의 아테나에 해당한다-역주)의 두상을 아름답게 조각해 냈다. 그리고 번즈가 미처 뭐라고 하기도 전에 재빨리 미네르바의 형상을 뭉그러뜨려 빵에 얇게 펴 바르고는 강둑에서 컹컹 우는 개에게 집어 던졌다.

"이런 세상에!"

번즈가 소리쳤다.

"페이디아스가 조각한 미네르바가 걸신들린 개의 허기를 달래는 데 쓰이다니, 여기에 비교하면 황제 카이사르가 죽어서 벽돌이 된 건(이 문장은 셰익스피어의 〈햄릿〉 제5막 1장에 나오는 문장을 변형한 것이다. 원문에는 '황제 카이사르도 죽어서 흙이 되었다(Imperious Caesar, dead and turned to clay,)'라고 되어 있으나, 여기서는 진흙(clay) 대신 벽돌(brick)이라는 단어를 썼다-역주) 아무것도 아니로군!"

"내 기분이 딱 그래."

페이디아스가 사납게 말했다.

"고작 그런 일로 영원토록 속을 태우는 건 다소 어리석은 짓 같네만."

호머가 페이디아스를 달래듯이 말했다.

"물론 자네 기분이 나쁜 건 이해하지만, 그게 다 무슨 소용이겠나? 인간들은 현대 조각가가 만든 그 어느 작품들보다 자네가 만든 조각 한 점에 훨씬 더 많은 돈을 지급한다네. 설령 자네가 와인 젤리로 작품을 만들고, 다른 조각가들은 순금으로 작품을 만든다 해도 결과는 마찬가지일걸세. 그런데 뭐가 불만인 건가?"

"자네도 시인들이 그와 비슷한 짓거리를 한다면 내 기분을 이해할 거라고."

페이디아스가 받아쳤다.

"자네도 인정해야 해. 만일 오늘날 시인들이 버터나 돼지비계 위에 시를 썼다는 이야기를 듣는다면, 제일 먼저 나서서 뜯어말릴 사람은 바로 자네일 테니까."

"아니, 난 안 그럴 걸세."

호머가 조용히 말했다.

"사실 나로서는 시인들이 제발 좀 그래 줬으면 한다네. 그래야지 끔찍한 시들이 좀 줄어들 테니 말이야. 자네도 이런 식으로 생각해보면 어떻겠나. 만일 버터로 흉상이나 프리즈를 만드는 이 현대적인 계획이 조금 더 빨리 도입되었더라면 우리의 위대한 도시들과 자랑스러운 신전들이 만화책에나 나올 법한 우스꽝스러운 장소처럼 되는 꼴은 면했을 거라고 말이지. 이글이글 타오르는 태양 광선이 버터로 만들어진 그 끔찍한 조각품들을 찐득하게 녹여서, 도로 위에 납작하게 눌어붙도록 해주었을 테니까. 이런 면에서 버터 학파에도 나름대로 가치가 있다고. 안 그런가. 자네는 그 친구들에게 부끄러움을 주기는커녕, 오히려 그런 탁월한 시스템을 만들었다는 점에서 월계관을 씌워 줘야 할 판이네."

"과연."

번즈가 입을 열었다.

"정말 호머의 말이 맞네, 페이디아스. 내 얼굴을 어처구니없이 희화화한 동상의 예를 들어보자고. 만일 그 동상이 청동 대신 돼지비계로 만들어졌다면 그 끔찍한 동상은 진즉에 사라졌지 않았겠나."

번즈의 말을 들은 페이디아스는 잠깐 침묵에 잠겼다.

"과연 그렇군……."

페이디아스가 마침내 그 가치를 깨달은 듯 고개를 끄덕이며 말했다.

"그런 관점에서 본다면, 자네들 말이 맞는 것 같군. 나는 이제 그들에게 원한이나 못마땅한 마음을 품지 않겠네. 이를 증명하기 위해 건배하지. 자, 버터로 조각하는 조각가들을 위하여 건배! 그리고 그들이 쓰는 버터가 무궁무진하기를 빌자고!"

건배를 마친 호머와 번즈, 그리고 페이디아스는 다 함께 잔을 깨 끗이 비웠다. 새로운 깨달음을 통해 마음속 응어리를 홀홀 털어낸 페 이디아스는 훨씬 홀가분해진 마음을 안고 집으로 돌아갔다.

"만일 그 고래에 얽힌 사연보다 사람들에게
더 큰 감동을 안겨줄 만한 다른 이야깃거리가 제게 있다면
기꺼이 내 고래를 허풍선이 남작에게 양보하겠습니다.
하지만 판사님. 고래는 저의 유일한 장사 밑천이자 이야깃거리입니다.
고래에 얽힌 사연을 빼면 저한테는 남는 게 하나도 없단 말입니다."

# a houseboat
# on the styx

# The 10th Game
# 이야기꾼들의 밤을
# 훔쳐보라!

그날은 '이야기꾼들의 밤' 행사가 있는 날이었다. 그날 밤, 하우스보트에서는 하데스에서 가장 입담이 좋은 이들이 모여 손님들에게 이야기를 들려주기로 했다. 이 모임을 진행할 사회자로는 존슨 박사가 지목되었다.

"존슨을 사회자로 앉히자고. 존슨이 이야기를 못 하게 할 방법은 그것밖에 없어."

롤리 경이 제안했다.

"존슨이 일단 자기 이야기를 시작하면 끝도 없이 지껄여 댈 게 불 보듯 뻔하니 말일세. 하지만 그 친구에게 다른 사람들을 소개하는 역할을 맡긴다면 재치를 유감없이 발휘할 거야. 존슨은 다른 이들을 비판할 때는 가차 없이 촌철살인을 하는 친구니까. 인신공격이야말로 그의 최대 장기지."

"거참, 좋은 계획이로군."

연회 위원회의 의장을 맡은 디오게네스가 맞장구쳤다.

"이곳의 밤은 아주 길지만, 존슨이 일단 이야기를 시작하면 말을 마칠 때까지 영겁의 시간을 두 바퀴 반쯤 돌아야 할 테니 말일세."

"내가 보기에 존슨은 그렇게 재치 있는 인물은 아니라고."

칼라일이 못마땅한 목소리로 말했다. 칼라일은 저쪽 세계에서 이쪽 세계로 온 이후 줄곧 존슨과 솔로몬 왕(『열왕기』에 등장하는 왕으로, 다윗의 아들이자 이스라엘의 제3대 왕이다. 예루살렘 신전을 건설하고, 시바 여왕이 낸 수수께끼를 맞혔으며, 아이를 두고 다투는 두 여인 중 누가 진짜 아이 어머니인지를 가린 일화로도 매우 유명하다. '솔로몬의 지혜'라는 말이 생길 정도로 지혜로운 인물의 전형으로 꼽힌다-역주)에 대해 사사건건 질투심을 드러내곤 했다.

"그렇긴 하지. 하지만 존슨은 그리 시시한 친구는 아닐세. 그 친구는 자기가 소개하는 인물에 대해 청중들의 공감을 불러일으키는 비상한 재주가 있거든. 그 재능만으로도 '이야기꾼들의 밤' 행사의 반은 성공한 것이나 다름없다네. 나도 청중들 앞에 나서서 말해 본 적이 있어서 그 점은 잘 알고 있지. 사실 청중의 공감을 얻지 못하는 사람은 청중 앞에 나서느니, 집에서 애나 보는 게 낫지."

롤리 경이 말했다.

이렇게 해서, 존슨 박사는 그날 모임의 사회자로 선정되었다. 이윽고 밤이 찾아왔다.

존슨 박사는 의기양양한 태도로 청중 앞에 나섰다. 그날 밤 출연할 이야기꾼들의 목록이 사전에 주어진 덕분에, 존슨은 그들을 소개할 준비를 단단히 마친 참이었다. 청중은 하데스에 사는 이들로 꾸려질 예정이었고, 회원의 지인들이 자유롭게 드나들 수 있도록 하우스보트의 문은 활짝 열려 있었다. 내부에 있는 커다란 벽난로 안에는 최상급 담배들이 활활 불타고 있었는데, 그 담배는 스코틀랜드 출신의 작가 제임스 베리(James Matthew Barrie, 1860~1937: 스코틀랜드의 소설가 겸 극작가. 『피터 팬』의 작가로도 잘 알려져 있으며, 40년 이상의 극작가 생활을 통해 『드럼스의 창』, 『친애하는 브루터스』 등의 많은 작품을 남겼다-역주)가 자신의 소설 『젊은 성직자(The Little Minister, 스코틀랜드의 시골 마을인 드럼스(Thrums)를 배경으로 펼쳐지는 로맨스 소설이다. 후에 연극 및 영화로도 만들어졌다-역주)』의 배경이자, 자신의 고향이기도 한 드럼스를 떠돌아다니다가 공수해 온 것이었다.

"친애하는 벗들, 그리고 영혼 여러분."

참석자들이 모두 조용히 착석하자, 존슨 박사가 인사를 올렸다. 참석자들이 앉은 가상의 접이식 의자는 실제 의자와는 달리 삐걱거리는 소리가 전혀 나지 않았기 때문에, 조용히 공연을 관람하기에는 적격이었다.

존슨은 말을 이었다.

"이번 영혼들의 모임에서 어찌하여 내가 사회자 노릇을 맡게 되었는지 그 이유는 나도 모르겠소이다. 이런 종류의 모임에서는 별로

마음에 들지 않는 출연자에게도 듣기 좋은 소리를 하는 사람이 사회자가 되어야 하는 법인데 어쩌자고 나를 사회자로 앉힌 건지……. 자, 이쯤 되면 여기 모이신 분들은 다들 내가 어떤 사람인지 감을 잡았을 거요. 아직도 나에 대해서 잘 모르시는 분이 있다면, 행사가 끝나고 난 후에 부디 자유롭게 앞에 나와 주시오. 나오신 분이 마음에 안 들면, 대놓고 마음에 안 든다고 솔직하게 말해 줄 테니 말이오. 내가 가장 중요하게 여기는 단 한 가지 가치가 있다면 그건 바로 '솔직함'이라오. 출연자들께서는 이러한 나의 태도가 거슬려도 부디 양해해 주셨으면 하오. 그건 내가 오늘 출연할 이들을 덜 사랑해서가 아니라, 솔직함과 진실을 더 사랑하기 때문이라오. 어쨌든 오늘 밤에 일어날 수 있는 모든 비상사태를 대비하여 여러분께 미리 이렇게 양해를 구하는 바요. 자, 그럼 시작해 봅시다. 오늘의 첫 번째 발표자는……, 이런, 안타깝게도 내 친구인 골드스미스(Oliver Goldsmith, 1728~1774: 아일랜드 출신의 소설가이자 극작가, 시인. 대표작으로는 소설 『웨이크필드의 목사(The Vicar of Wakefield)』, 시집 『황폐한 마을(The Deserted Village)』, 희곡 『호인(The Good-Natur'd Man)』 등이 있다-역주)라오. 음, 이런 경우에는 재빨리 선수 치는 게 답이겠군. 이 친구, 올리버 골드스미스로 말할 것 같으면 작가로서는 아주 뛰어난 친구지만 연설가로서는 조약돌을 잃어버린 데모스테네스처럼 어눌하기 짝이 없단 말이올시다. 만일 발표자 순서를 정할 권한이 내게 있었다면, 골드스미스의 차례는 진작 저녁 식사시간으로 옮겼을 텐데…… 하지만 뭐 어쩔 수 없지. 이 친구에게 주어진 시간이 터무니없이 길긴 하지만, 끝을 내려면 진행 순서를 따르는 수밖에. 골드스미스가 발표하는 동안, 나와 뜻을 같이하는 분들은 나를 따라 식당으로 가셔도 충분히 이해하겠소이다. 식당에 꽤 괜찮은 과실주도 준비되어 있으니까 말이오. 그럼 올리버, 자네는 모임에 계속 민폐를 끼치고 있게나. 그리고 언제가 될지는 모르겠지만, 자네의 그 기나긴 낭독이 끝나면 내게 알려 주게. 그래야 내가 두 번째 출연자를 소개하러 올라올 것 아니겠나. 물론 그게 누구이건 상관은 없지만 말일세.”

이 말을 남기고 존슨 박사는 서둘러 자리를 떠났다. 가엾은 골드스미스는 긴장감으로 얼굴이 하얗게 질린 채 자리에서 일어섰다. 확실히 존슨의 말마따나 골드스미스는 입담꾼의 자질은 눈곱만치도 없어 보였다.

“저는 별로 말솜씨도 없고, 연설가도 아닙니다.”

골드스미스가 입을 열었다.

“나는 존슨 박사의 말대로 이야기를 잘하지 못합니다. 그리고 말수도 적고, 연설도 잘하지 못합니다. 어쨌든 저는 말을 많이 하는 사람이 아니고, 연설할 준비가 되어 있지 않기 때문에 연설이나 이야기를 제대로 할 수도 없습니다. 여러분도 눈치채셨겠지만 저는 말을 유창하게 하지도 못하고, 조리 있게 말하지도 못합니다. 이런 제 이야기를 경청해 주실 만큼 친절하신 이들에게 어설픈 이야기로 여러분들을 지루하게 만드는 것보다는, 제 소설 『웨이크필드의 목사』를 1장부터 5장까지 낭독하도록 하겠습니다."

"도대체 이따위 행사는 누가 제안한 거람!"

칼라일이 으르렁댔다.

"『웨이크필드(Wakefield)의 목사』를 1장부터 5장까지 낭독하다 니! 이런 세상에, 차라리 『졸린 필드(Sleepfield)의 목사』를 읽으라고 하지그래!"

"나는 이 모임의 휴회를 제의하네."

다윈이 말했다.

"저기 시끄럽게 떠드는 젊은 친구들의 입을 다물게 만들 방법은 없겠나?"

솔로몬이 칼라일과 다윈을 보고 눈살을 찌푸리며 말했다.

"방법이 있지요."

더글라스 제럴드(Douglas William Jerrold, 1803~1857: 영국의 극 작가 겸 언론인. 진보적 자유주의자로서 풍자적인 비평을 썼다. 〈검은 눈의 수잔〉 등의 희곡을 남겼고, 주간지인 〈Douglas Jerrold's Weekly News- paper〉를 창간했다-역주)가 말했다.

"올리버 골드스미스가 낭독을 계속하게 놔두는 겁니다. 십 분도 채 안 돼서 저들은 쿨쿨 잠들어버릴 테니까요."

한편, 골드스미스는 자신이 청중들에게 미치는 영향 따위는 전혀 안중에도 없다는 듯이 자신에게 주어진 분량을 차분히 읽어 내려가 고 있었다.

"이건 정말 끔찍하군."

웰링턴이 보나파르트에게 귓속말로 속삭였다.

"워털루 전쟁 때보다도 더 엉망진창이야."

나폴레옹이 일그러뜨린 미소를 지으며 말했다.

"일 분 내로 이 사태를 끝장낼 방법이 있긴 한데 말이지. 알테미즈 워드가 예전에 서부에서 작전 회의에 참여했을 때 개싸움으로 회의가 중단되었던 이야기를 해준 적이 있거든. 자네와 내가 싸우는 척하면 어떻겠나? 자네가 나를 한 대 치면 사람들이 깜짝 놀라 잠에서 깰 테고, 그러면 골드스미스 저 친구도 당황할 게 아니겠나? 자, 어디 한번 해 보게. 너무 세게 때리지는 말고."

"알겠네."

웰링턴이 대답했다. 말을 마친 웰링턴은 분노가 가득 담긴 목소리로 이렇게 외쳤다.

"내가 자네를 두려워한다고? 천만의 말씀! 자네보다는 차라리 새 총을 든 꼬마 녀석이 더 무서울 지경이라고!"

속사포처럼 쏟아낸 웰링턴은 이내 나폴레옹이 앉아 있던 의자를 거칠게 잡아당겼다. 그 바람에 아우스터리츠 전투(1805년 12월 2일, 나폴레옹 1세가 오스트리아와 러시아의 동맹군을 격파한 싸움이다-역주)의 정복자인 나폴레옹은 우당탕하는 둔탁한 소리와 함께 그대로 바닥에 데굴데굴 굴렀다.

이 소동의 결과는 즉각 나타났다. 워털루 전투의 두 주인공이 서로 다툼을 벌이는 이 흥미진진한 구경거리에 비교하면, 따분하기 짝이 없는 목소리로 자신의 소설을 낭독하는 골드스미스의 존재는 이미 청중의 관심 밖에서 한참이나 멀어진 듯했다. 그 결과, 청중들의 관심은 치고받고 싸워대는 나폴레옹과 웰링턴에게 집중되었다. 관객석이 엉망이 되자 어느 평화 애호가 한 명이 그 상황의 무례함을 깨닫고는, "끌어내라고! 그를 끌어내!"라고 외쳤다. 하지만 그의 말을 오해한 수행원들은 엎치락뒤치락 싸움을 벌이는 웰링턴과 나폴레옹 대신, 앞에서 책을 낭독하고 있던 불쌍한 골드스미스의 멱살을 붙잡고는 문밖으로 끌고 나와 갑판을 지나서 건널 판자(배와 육지 사이에 다리처럼 걸쳐놓은 판자-역주) 너머의 해변으로 힘껏 내던져 버렸다.

골드스미스가 끌려나가자, 장군 둘은 싸움을 멈추고 자신들의 무례한 태도에 대해 청중들에게 해명했고, 바야흐로 다시 평화가 찾아왔다. 위원회에서는 사람을 보내 적절한 사죄의 말과 함께 골드스미스를 찾아오게 했다. 마음씨 착한 골드스미스는 결국 다시 돌아왔지만, 난리 통 속에서 자신의 책을 잃어버린 뒤였다. 골드스미스와 청중들은 그 사실에 내심 가슴을 쓸어내렸고, 골드스미스는 남은 저녁 시간 동안 조용히 휴식을 취할 수 있었다.

"이제 골드스미스의 차례는 다 지나갔나?"

장내가 정돈되었을 때, 존슨이 빠끔 문을 열고 고개만 쏙 내민 채로 물었다.

"그렇습니다, 박사님."

보즈웰이 대답했다.

"말하자면, 그 친구는 이 분야에서 영원히 은퇴한 셈이지요. 비록 자신이 맡은 분량은 끝내지 못했지만 말입니다."

"자, 그럼 친애하는 영혼 여러분."

존슨이 청중을 향해 말했다.

"이전 발표자의 귀에 착착 감기는 낭독을 즐기셨으니, 이번에는 최고의 거짓말쟁이 동시에 시대를 초월한 위대한 비현실주의자 한 분을 여러분 앞에 모시고자 합니다. 서 있는 채로도 누울 수 있는(lying에는 '눕다'라는 뜻도 있고, '거짓말하다'라는 뜻도 있다-역주) 말도 안 되는 힘을 만인에게 선보이는 허풍선이 남작이 바로 그 주인공이올시다."

존슨의 말이 끝나자마자, 객석에서는 우레와 같은 박수가 터져 나왔다. 허풍선이 남작은 단연 이 모임에서 가장 인기 있는 인물 중 하나였기 때문이다.

"고래에 대해서라면 말이지……."

청중들 앞에 선 허풍선이 남작은 테이블에 우아하게 몸을 기대며 입을 열었다.

"아니, 갑자기 그게 무슨 소린가? 고래 이야기는 아무도 한 적이 없다고."

존슨이 어리둥절한 목소리로 물었다.

"그렇긴 하지."

허풍선이 남작이 존슨에게 쏘아붙였다.

"하지만 자네를 보면 늘 고래가 떠오른단 말이야. 자네는 꼭 고래처럼 늘 뭔가를 뿜어내고 싶어서 안달 내는 모양새거든. 그리고 고래에 관한 이야기라면 내 친구 요나(Jonah: 이스라엘의 예언자로서, 구약성서 「요나 서(書)」의 주인공이다. 요나는 니네베에서 설교하라는 신의 명을 어기고 도망가는 도중, 바닷속에 던져져 고래에게 먹히지만 3일 후 육지로 내뱉어진다. 요나는 결국 신의 뜻을 받들어 니네베로 가서 경고했고, 니네베의 이교도들과 왕을 회개하게 했다-역주)와 마찬가지로 여기 있는 청중들도 분명 흥미를 느낄 테니까. 사실 나 역시도 요나와 비슷한 경험을 한 적이 있지. 이상하게 들릴지도 모르겠지만, 나를 삼켰던 고래가바로 요나를 삼킨 그 고래와 정확히 똑같은 고래였거든(『허풍선이 남작의 모험』 원작에서는 포도주 바다 위를 떠다니는 엄청나게 커다란 괴물 고래가 등장한다. 고래는 허풍선이 남작이 탄 배를 통째로 꿀꺽 삼켰는데, 고래뱃속에는 이미 고래에게 먹힌 사람들이 만 명 정도 있었다. 허풍선이 남작은기지를 발휘하여 고래가 입을 벌린 순간 돛대로 고래 입을 고정해 놓고 수많은 사람과 탈출한다-역주)."

허풍선이 남작의 말이 끝나기도 전에, 뒤쪽에 앉아 있던 요나가자리를 박차고 일어났다.

"도저히 불쾌해서 못 들어주겠군. 혹시 블랙스톤 판사님께서 이곳에 계신다면 여쭤보고 싶은 게 있소."

요나는 울화를 가라앉히려 애쓰며 말했다.

"여기 있다네. 나한테 묻고 싶은 게 뭔가?"

요나의 말에 블랙스톤 판사가 자리에서 일어나며 말했다.

"허풍선이 남작이 마음대로 내 고래를 자신의 이야기에 갖다 쓰지 못하게 금지 처분을 내려 주셨으면 합니다. 판사님, 그 고래에 대한 저작권은 분명 제게 있으니까요."

요나가 요청했다.

"만일 그 고래에 얽힌 사연보다 사람들에게 더 큰 감동을 안겨줄 만한 다른 이야깃거리가 제게 있다면 기꺼이 내 고래를 허풍선이 남작에게 양보하겠습니다. 하지만 판사님. 고래는 저의 유일한 장사 밑천이자 이야깃거리입니다. 고래에 얽힌 사연을 빼면 저한테는 남는 게 하나도 없단 말입니다."

"요나의 입장은 충분히 이해가 되네."

블랙스톤 판사가 허풍선이 남작을 향해 돌아서며 말했다.

"이 소송의 고소인인 요나로서는 고래의 독점적 사용권을 박탈당한다면 참으로 난처해질 걸세. 그러므로 고래 사용에 대한 금지 처분은 정당하다고 할 수 있지. 하지만 법정은 허풍선이 남작이 요나의 고래 대신 다른 고래를 사용하여 이야기를 계속하는 것을 제안하는 바일세."

"그럴 순 없다고."

블랙스톤 판사의 말에 허풍선이 남작이 축 처진 목소리로 말했다.

"내가 겪은 고래가 요나를 삼킨 바로 그 고래였다는 것이 이 이야기의 핵심인데, 그걸 못 써먹으면 이야기가 다 무슨 소용이겠나. 이 상황에서 내가 할 수 있는 거라곤 자리에 쭈그러져 있는 것밖에 없지. 소갈머리가 밴댕이만도 못한 요나를 친구라고 두었던 내가 한심할 뿐이로군. 하지만 어쩌겠나. 감히 법원의 결정이라는데 쉰네는 따를 수밖에."

"허풍선이 남작이 나를 소갈머리가 밴댕이만도 못하다고 언급한 데 대해 이의를 제기하는 바요."

요나가 또다시 울화통을 터뜨리며 말했다.

"나는 그저 내 권리를 지키고자 한 것뿐이라고. 그리고 세상 사람들 전부가 내 마음이 정말로 밴댕이 소갈딱지처럼 좁아터졌다고 생각한다면 좋소이다, 어디 두고 보자고. 나는 한 치의 양보 없이 내 뜻을 고수할 테니까. 하지만 그 고래를 발견한 건 바로 나라고! 게다가 나는 내 경험의 완성도를 높이기 위해 심신의 불편함도 잊고 고래 뱃속에서 몇 날 며칠을 참아냈단 말이야. 내 명성에 고래가 그토록 절대적인 비중을 차지하는 것도, 그리고 내가 고래에게 이토록 죽기 살기로 매달리는 것도 바로 그 때문이라고! 그런데 인제 와서 다른 이에게 고래에 대한 내 독점적 사용권을 내놓는다? 그건 절대로 안 될 일이지!"

요나는 이렇게 한바탕 열변을 토한 후에 손으로 부채질을 하며 자리에 앉았다. 그런 요나를 향해 허풍선이 남작은 오만상 얼굴을 찌

푸렸다.

"뻔한 수작질하고는! 하는 족족 모든 걸 다 망쳐놓는단 말이야. 놈이 이 모임의 회원인 줄 진작 알았다면 절대로 여기 가입하지 않았을 거라고."

허풍선이 남작은 으르렁대며 그대로 나가 버렸다.

"행사의 진행이 그리 원활해 보이진 않는군."

존슨이 자리에서 일어서며 말했다.

"지금까지 두 명의 출연자들에게 이야기를 좀 들어보려고 했는데, 사사건건 문제가 생겨서 다 망쳐 버리고 말았소. 하지만 듣느니만 못한 이야기였으니 여러분 견해에서는 차라리 잘된 걸지도 모르지. 몇몇 분은 아직도 잠이 덜 깬 것 같소만……. 자, 그럼 다음 출연자는……, 바로 보즈웰이라오. 보즈웰은 몇 가지 회고담으로 여러분을 즐겁게 해줄 예정이었소. 그러니까 어디까지나 '예정'이었단 말이오. 그 말인즉, 이 친구는 그렇게 하지 않을 거라는 뜻이지."

"저는 발표할 준비가 되었습니다."

보즈웰이 자리에서 일어나며 말했다.

"물론 자네야 그렇겠지."

존슨이 싸늘한 목소리로 응수했다.

"하지만 나는 준비가 안 되었네. 자네의 이야기 주제는 오직 하나밖에 없지 않나. 바로 '나'에 대한 주제 말이지. 자네의 유일한 관심사는 바로 나니까. 물론 그게 나쁘다는 건 아니야. 하지만 굳이 이 자리에서까지 나에 대해 재잘재잘 떠들어 댈 필요는 없다고. 자네의 글은 인간들에게는 만족스러웠겠지만, 이곳에서는 사정이 좀 다르니 말일세. 나에 관한 이야기를 할 거라면 차라리 나 스스로 하는 편이 낫지. 뭐 자네가 원한다면 나가서 '독설 저수지'의 강둑에 앉아 꼬맹이들에게 강의나 실컷 하라고. 하지만 나에 대한 회고담이라면 이 몸이 직접 하겠네. 그편이 훨씬 더 실감 나고 정확할 테니 말이야. 그러니 여기 모이신 신사분들. 이 주제에 대해서는 보즈웰에게서 듣는 대신, 내가 하는 말에 귀를 기울여 주셨으면 하오. 에헴! 그러니까 내가 어렸을 적에……."

"실례지만 자네에 관한 이야기는 얼마 동안 할 생각인가?"

솔로몬이 자리에서 벌떡 일어나서 물었다.

"내가 끝낼 때까지 할 작정이야."

존슨이 버럭 화를 내며 대답했다.

"혹시 몰라서 물어보는데 나도 출연자 목록에 있다는 걸 알고는 있는 건가, 존슨 박사?"

솔로몬이 물었다.

"그건 알고 있네."

존슨 박사가 말했다.

"그 사실은 일단 마음속에 새겨두기로 하지. 하지만 여기 참석한 친애하는 영혼들을 위해서라면 나는 내 이야기를 끝도 없이 해 나갈 의향이 있다네. 자, 그럼 다시 처음으로 돌아가서, 내가 어렸을 적에 어떤 일이 있었냐 하면……."

존슨이 말을 막 시작하려고 할 때, 칼라일이 자리에서 일어났다.

"묻고 싶은 게 하나 있네."

칼라일이 최대한 온화한 말투로 입을 열었다.

"이 모임은 아이들을 모아 놓고 하는 강연인가? 나로서는 자네의 유년시절 이야기 따위를 듣고 싶은 마음은 요만큼도 없는데 말이야. 그뿐만 아니라, 나는 오늘 밤에 보즈웰의 이야기를 듣고 싶어서 이곳에 왔다네. 나는 보즈웰을 프루드(보즈웰이 존슨 박사의 영향을 받은 전기 작가라면, 프루드는 칼라일에게 많은 영향을 받은 전기 작가이다-역주)와 비견할 만한 인물이라고 생각하거든. 그러니 자네의 이야기 따위는 듣고 싶지 않……."

"이 하우스보트에는 지붕이 있지."

존슨 박사가 칼라일의 말을 뎅경 자르며 말했다.

"칼라일 자네가 보즈웰과 둘이서 나란히 지붕에 콕 처박혀서 조곤조곤 이야기하고 싶다면 그럴 공간은 충분하다네. 그리고 조금 전에 내 이야기를 방해한 솔로몬 자네에게는 싸늘한 경멸을 담은 침묵으로 응수해 줘야 마땅하겠지만, 나는 그렇게 버르장머리 없는 인물이 아니니 예의를 차려서 한마디 해주겠어. 단언컨대, 나는 솔로몬의 『잠언(Proverbs: 구약성서의 지혜문학에 속하는 책으로 고대 이스라엘인 사이에서 전해오던 교훈과 격언집이다. 지혜에 대한 찬미, 솔로몬의 잠언, 지혜 있는 자의 말 등이 담겨 있다-역주)』은 내가 지금까지 읽었던 글 중에서 가장 헛소리라고 생각한다네. 그리고 아이를 둘로 갈라서 두 어머니에게 각각 나눠 주라는 자네의 그 판결에 대해서 평가하자면 말이지…… 맙소사! 아이가 쌍둥이라서 각각 한 명씩 나누라는 것도 아니고, 한 아이를 둘로 나눠 가지라니 정말 역겨울 정도로 비인간적인 판결이었네. 알아먹었나? 자, 그럼 다시 시작하지. 내가 어렸을 적에……."

존슨 박사가 다시 말을 시작하자, 칼라일과 솔로몬은 화가 머리 끝까지 난 보즈웰을 이끌고 그대로 방을 휙 나가 버렸다.

송구스러운 일이지만, 이날 밤의 행사에 대한 기록은 이것으로 끝이다. 이제야 고백하건대, 스틱스강의 하우스보트에 관한 정보는 모두 보즈웰의 수첩에서 나온 것이기 때문이다. 하지만 독자들이 흥미로워할 사실이 하나 있다. 보즈웰의 기록에 따르면, 이날 이야기꾼의 행사는 결코 '마무리되지 못했다'고 한다. 이 말이 의미하는 바가 그날의 행사가 소동이 벌어진 후에 곧장 해산되었다는 의미인지, 아니면 존슨 박사가 여전히 자신의 회고담을 청중들 앞에서 미주알고주알 떠들어대고 있다는 의미인지는 정확히 알 수 없다. 왜냐하면 내가 보즈웰을 만나서 그 사실을 물어보려 할 때마다 보즈웰은 한사코 이 주제를 입에 올리고 싶어 하지 않았기 때문이다.

a houseboat on the styx

"그러니 참고 기다려보게나.
언젠가 자네의 명예를 회복할 날이 올 테니 말일세.
내 경우만 해도 그래. 셰익스피어가 죽은 지 백 년이 지나고 나니,
베이컨과 내가 셰익스피어의 작품을 대신 썼다는 사실에
관심을 기울이는 이가 아무도 없더란 말이지."

# a houseboat
# on the styx

# The 11th Game
# 최고의 동물원을 꿈꾼
# 흥행술사 바넘과
# 노아의 속사정을 알아내라!

 먼저 입을 연 것은 노아였다.

"내가 방주에 탔던 대홍수 시절, 그 큰비로 대홍수 이전의 세상이 거의 파멸했다는 건 정말 다행인 일이지. 그리고 당시에 내 주위에 케르베로스(하데스의 지하세계를 지키는 개로 머리가 세 개 달려 있고 용의 꼬리를 갖고 있으며 등에는 온갖 종류의 뱀의 머리들이 있다고 전해진다-역주) 같은 무시무시한 개들이 없었던 것도 운이 좋았어. 만일 케르베로스처럼 머리 셋 달린 놈들을 내 방주에 몇 마리 실었다면, 놈들을 먹여 살리려다 열흘도 안 되어서 방주에 실어 놓은 식량들이 동이 났을 테니 말이야."

"매우 일리가 있는 말이군."

노아의 말에 바넘이 받아쳤다.

"하지만 내 자네를 아끼는 마음에서 솔직하게 말해 주지. 자네가 방주에 실었던 동물들을 생각해보면 자네에게는 흥행술사의 자질이 병아리 눈물만큼도 없다는 걸 인정할 수밖에 없다네. 자네가 방주에 실었던 진부하기 짝이 없는 짐승들은 사람들의 관심을 끌어모으기엔 턱없이 부족하단 말일세. 이 세상에 죄를 끌어들인 책임이 아담에게 있었다면, 내가 특이한 짐승들을 만들어서 사람들에게 사기를 친 죄를 짓게 만든 책임은 전적으로 자네에게 있네."

노아와 바넘의 대화는 즉시 좌중의 관심을 끌었고, 클럽의 회원들은 의자를 바짝 당겨 앉아 둘의 이야기에 귀를 쫑긋 세웠다. 둘의 논쟁이 톡 쏘는 듯 신랄한 맛이 있기도 했지만, 무엇보다도 동물에 관한 이야기는 그들이 인간이었을 때나 영혼이 된 지금이나 여전히 흥미로운 주제였기 때문이다. 둘의 이야기를 듣고 있던 아담은 공감한다는 듯 바넘에게 고개를 끄덕여 보였다. 아담은 그동안 밀린 회비를 내고, 체납된 외상값을 가까스로 갚은 후에 다시 회원 자격을 얻어 그 자리에 앉아 있던 터였다.

"문제의 책임이 누구에게 있는지 제대로 알아봐 주는 이가 있다니 반갑구먼."

바넘이 아담을 쳐다보며 말했다.

"이제까지 오롯이 나 혼자서 그 책임을 지느라 허리가 휠 지경이었거든. 내가 죄를 지지 않았다는 건 하늘이 알고 땅이 안다고. 자기 사업에만 열중하며 밤에는 조용히 집안에 콕 틀어박혀서 소심하고 전원적인 삶을 사는 나 같은 사람이 평생 대중들로부터 쏟아지는 온갖 비난과 질책을 견디며 살아야 했으니……. 그게 얼마나 가혹한 일이었는지 자네들은 상상도 못 할 걸세."

"그건 시간이 해결해 줄 걸세."

롤리 경이 바넘을 위로했다.

"그러니 참고 기다려보게나. 언젠가 자네의 명예를 회복할 날이 올 테니 말일세. 내 경우만 해도 그래. 셰익스피어가 죽은 지 백 년이 지나고 나니, 베이컨과 내가 셰익스피어의 작품을 대신 썼다는 사실에 관심을 기울이는 이가 아무도 없더란 말이지."

"쳇!"

그때 아담이 울적한 목소리로 말했다.

"기다리면 된다고? 내가 지금까지 얼마나 오랜 시간을 기다려 왔는지 알고는 있나? 나는 지금까지 이 긴긴 시간 동안 기다리고 또 기다렸네. 그런데 방금 바넘이 말했다시피, 지금 이 순간까지도 이 세상에 죄를 몰고 온 책임이 내게 있다는 비난은 여전히 사라지지 않고 있지. 아무리 기다려도 나의 잃어버린 명성은 조금도 회복될 기미가 보이질 않는단 말일세! 이제 기다려봤자 달리 어떻게 될 수 있으리라는 기대도 접었네."

"죄를 세상에 끌어들인 진짜 책임이 누구에게 있는지 조사해 달라고 진상조사 위원회에 신청해 보는 건 어떻겠나."

한 미국 정치인이 아담에게 제안했다.

"자네 친구들도 좀 동원해 보라고. 그러면 자네의 짐이 덜어질지도 모르지 않겠나."

"괜히 일을 크게 만들어서 좋을 건 없을 것 같은데."

블랙스톤 판사가 말했다.

"맞아."

아담이 말했다.

"사실 이 문제를 널리 퍼뜨려봤자 좋을 게 없다는 게 내 생각일세. 설사 내가 이 건에 대해 명예훼손죄로 고발한다 하더라도, 내 무죄를 증명해 줄 유일한 목격자는 내 아내인 이브뿐이지. 하지만 나는 이브를 끌어들이고 싶은 생각은 손톱만치도 없어. 이브를 증인으로 내세운다면 이브의 입장이 몹시 곤란해질 거라고. 이브는 신경을 바짝 곤두세우며 까칠하게 굴 테고, 결과적으로 상황은 더 나빠질 걸세. 그리고 엘리자베스 여왕과 사교계의 속물들은 이브에게 조부가 없다는 이유로 각종 행사에 이브를 초대하지 않을지도 모르지. 게다가 이브가 혹시 초대를 받는다 해도 어디 참석하기가 쉬운 일이겠나? 자신이 모임에서 가장 나이가 많다는 사실을 만천하가 다 안다고 생각해 보게. 이브로서는 이보다 불쾌한 일이 어디 있겠나?"

"글쎄……, 그 문제라면 내 말을 좀 믿어 보게."

롤리 경이 다정한 목소리로 말했다.

"시간이 지나면 모든 게 다 잘될 걸세. '역사는 반복된다'라는 오래된 속담도 있지 않나. 언젠가 자네는 또다시 에덴동산에서 살게 될지도 모르지. 그러면 자네가 한 모든 행동에 대해 주의를 기울여서 정확히 기록해 두도록 하게. 그리고 그 사실에 대해 공증인을 세운다면 자네의 무죄를 증명할 수 있을 걸세."

"어쨌든 고작 소문 때문에 이렇게 오래도록 사람들에게 비난을 받아야 한다니."

아담이 비탄에 잠긴 목소리로 말했다.

"말도 안 되는 소리 말게. 현행범 주제에 뻔뻔하기 짝이 없군."

노아가 혀를 끌끌 차며 말했다.

"이 사건의 실체에 대해서라면 내 조부에게 낱낱이 들었다고. 그리고 기왕 말이 나왔으니 말인데 바넘, 자네에게 할 말이 있네. 자네는 자네가 만들어 낸 망측한 가짜 동물들로 사람들을 속인 죄를 전부 내 탓으로 돌렸지. 거기에 대해 제대로 된 설명을 들어야겠네. 나처럼 명성이 자자한 사람에게 그런 죄를 뒤집어씌우다니 단단히 각오해야 할 걸세."

"내 말은 그저 '흥미 있는 쇼를 만들기 위해서는 마땅히 흥미 있는 볼거리를 제공해야 한다'라는 의미였다고."

바넘이 해명했다.

"그게 다라고. 자네의 도덕성에 의도적으로 흠집을 내려고 한 말은 결단코 아니었어. 자네는 선장으로서 놀라우리만큼 훌륭한 인물이었지. 물론 술을 너무 좋아해서 종종 정신을 못 차릴 정도로 뻗는 게 탈이긴 하지만(창세기 9장 18절에서 27절에 따르면 방주에서 나와 새로운 땅에 정착한 노아는 포도나무를 길러 포도주를 수확한다. 하지만 포도주에 맛을 들이게 되고, 술을 마시면 취해서 잠이 들 정도로 폭음을 했으며, 심지어 옷을 벗어버린 채 잠들기도 했다. 노아가 만취한 채 벌거벗고 있는 모습을 본 함이 형제들에게 알렸고, 셈과 야벳은 뒷걸음질 쳐서 들어가 옷으로 부친의 하체를 가렸으나, 이를 부끄러워 한 노아가 역으로 자신을 최초로 발견한 함에게 저주를 내렸다-역주), 그렇다고 해서 자네가 도덕적이고 온화한 사람이라는 사실을 부정하는 말은 한마디도 하지 않았다네."

"그날 술을 마시고 추태를 부린 건 사고일뿐이었어!"

노아가 얼굴이 벌게진 채로 말했다.

"내가 6백 년을 넘게 살았는데, 고작 사고 한번 쳤기로서니……(창세기에 따르면 노아는 500살의 나이에 셈, 함, 야벳의 세 아들을 두었으며, 노아의 나이 600세에 대홍수가 발생했다-역주)."

"자네처럼 오래 살다 보면 당연히 그럴 수도 있지."

롤리 경이 노아를 달래듯 말했다.

"그리고 이 사건 때문에 자네를 헐뜯는 사람은 없다네. 자네가 대홍수로 인해 인류가 멸망하는 끔찍한 광경을 눈앞에서 목격했다는 사실을 고려해 보면, 이후에 자네가 술을 마시고 추태를 부리는 일이 습관으로 굳어지지 않은 것이 외려 놀라울 정도라네. 자, 그러면 바넘이 자네의 어떤 점이 마음에 안 들었는지 그의 이야기를 한번 들어보세나."

"내가 마음에 안 든 건 바로 노아의 취향이라고."

바넘이 입을 열었다.

"노아는 정작 방주에 태워야 할 멋진 동물들은 쏙 빼놓고, 아주 시시하기 짝이 없는 동물들만 태웠으니 말이야. 그건 개미들이 쌓은 탑과 알프스산맥만큼이나 어마어마한 차이거든. 노아의 취향이 뛰어났더라면 아마도 오늘날 동물원은 지금보다 백만 배쯤은 더 끝내줬을 텐데. 예를 들면, 프로토로사우르스(백악기 후기에 살았던 것으로 추정되는 초식 동물로, 1830년에 폰 메이어가 발견했다. 크기는 대략 2m 정도이다-역주)를 생각해보자고. 오늘날 이와 비견할 정도로 멋진 동물들을 도대체 어디서 찾을 수 있겠나?"

"노아에게 감사는 못 할망정, 비난하다니 어처구니가 없군."

아담이 끼어들었다.

"나와 에덴동산에서 일주일만 살아 보면 감히 그런 헛소리는 못 할걸. 자네가 일요일 오후에 느긋하게 낮잠을 자고 있는데 느닷없이 나무에서 크기가 2m쯤 되는 파충류가 자네 무릎 위로 뚝 떨어진다고 생각해보게나. 그런 일을 겪으면 자네도 놈들을 싹 쓸어버리고 싶어질 걸세. 제명에 죽고 싶다면 말이야. 그런 경험을 군이 체험해 보고 싶다면 자네가 오후에 낮잠 자는 동안 아기코끼리 한 마리를 자네 무릎에 떨어뜨려 줄 의향은 있다네."

"거기에 대해서는 딱히 해 줄 말이 없군."

바넘이 대답했다.

"자네가 말한 것처럼 느닷없이 내 몸 위로 코끼리가 떨어진다면 확실히 기분이 좋진 않겠지. 하지만 그 코끼리를 몸으로 받아낸 덕분에 코끼리를 살릴 수 있다면 그걸로 만족하겠네. 그리고 나는 일요일 오후에 낮잠 자는 사람을 깜짝 놀라게 할 용도로 프로토로사우르스를 쓰겠다고 한 적은 없다네. 나라면 프로토로사우르스를 흥행 쇼에서 사람들의 이목을 확 끌어당길 볼거리로 제공할 걸세. 크기가 황소만 한 도마뱀은 흥행보증수표나 마찬가지거든. 코흘리개 애들의 쌈짓돈을 털기에도 그만이지. 다들 그걸 보러 오지 않고는 못 배길 게 틀림없다고. 그리고 이구아노돈(전기 백악기에 살았던 초식공룡으로 길이는 6~10m, 몸무게는 1~3t에 달한다-역주)도 빼먹을 수 없지. 쇼에 이구아노돈을 출연시킨다면 실로 어마어마한 돈을 쓸어 담을 수 있을 거라고!"

"하지만 자네가 아무리 돈을 많이 벌어봤자, 버는 족족 사라졌을 거야."

노아가 삐딱한 말투로 말했다.

"뒷발로 섰을 때 크기가 10m쯤 되는 거대한 파충류를 평범한 상업용 서커스 짐마차에 수용하기란 불가능할 테니 말일세. 그리고 이동식 동물원 우리의 천장 역시 엄청나게 높아야 할 거라고. 결국, 자네가 아무리 돈을 벌어봤자 그것들을 보관하는 비용으로 금세 탕진해버릴 거라고."

"게다가 위험하기도 하지."

아담이 끼어들었다.

"이구아노돈의 행동 범위 내에 아무것도 닿는 것이 없도록 단단

히 조치해야 할 걸세. 우리는 한때 그런 거대 파충류를 에덴동산에 들어오지 못하게 했지만, 소용없었지. 놈은 뒷다리로 벌떡 일어서서 자신의 앞발을 쭉 뻗어서 원하는 건 뭐든지 집어가곤 했으니까."

"놈을 비상용 사다리로 써먹어도 되겠군."

바넘이 말했다.

"놈에게 거처를 제공하는 문제에 대해서라면 일단 놈을 좀 키워보고 나서 생각해보겠네. 그리고 나는 늘 이 세상에 메갈로사우루스(중기 쥐라기 시대에 살았던 육식공룡으로, 몸길이가 7~8m에 이르고 큰 머리와 굵은 목을 갖고 있다-역주)가 없다는 것도 애석해했지……."

"어쩜 무식해도 저렇게 무식할 수가……."

노아가 혀를 끌끌 차며 말했다.

"바넘, 이 친구야. 자네가 가진 동물들을 모두 합쳐도 메갈로사우루스에게는 한 끼 식사 거리도 안 될 걸세. 놈들은 자네가 땅콩 까먹듯이 코뿔소 한 마리를 한입에 꿀꺽 삼켜버린다고. 나는 예전에 메갈로사우루스 암수 한 쌍을 내 방주에 데리고 있었던 적이 있었는데, 딱 하루 만에 놈들을 둘 다 배 밖으로 내던져 버렸지. 놈들을 열흘만 더 데리고 있었더라면, 놈들은 내가 방주에 태웠던 축복받은 짐승들을 모조리 잡아먹었을 걸세. 물론 나도 포함해서 말이지. 아마 자네 동물원에 메갈로사우루스를 데려다 놓는다면, 메갈로사우루스를 빼고는 남아나는 동물들이 한 마리도 없을 거라고."

"아버지 말이 맞아요, 바넘 씨."

셈(Shem: 노아의 맏아들로 셈족의 선조이다-역주)이 거들었다.

"세상에 있는 모든 도마뱀류의 동물들은 아주 사악하고 불쾌한 존재라고요. 대홍수가 있기 전 약 400년 전에 나는 크레오사우루스(알로사우루스 속에 해당하는 공룡. 큰 머리와 길고 날카로운 많은 이빨을 가진 거대한 직립보행 육식공룡이며, 몸길이는 평균적으로 8~10m에 달한다-역주) 한 마리를 농장에서 애완용으로 기른 적이 있었답니다. 놈은 교활하기가 이루 말할 수 없을 정도였죠. 우리는 크레오사우루스가 있는 곳 근처에는 절대로 소나 말을 두지 않았어요. 하지만 모르던 새에 소와 말들이 흔적도 없이 사라져 버렸죠. 그리고 우리는 다음 날 아침에 마구간에서 멍룡이를 발견하고 얼마나 놀랐던지……."

"뭐라고? 방금 뭘 보고 놀랐다고 했나?"

존슨 박사가 비웃듯이 말했다.

"멍룡이요."

셈이 대답했다.

"내가 기르던 크레오사우루스의 이름이 멍룡이었어요."

"세상에! 멍룡이라니!"

존슨이 빽 소리를 질렀다.

"크레오사우루스에게 그런 이름을 갖다 붙였다고?"

"그게 뭐 어때서 그래요?"

셈이 화를 내며 말했다.

"우리가 마스토돈(코끼리와 비슷한 고대 생물-역주)을 '궁둥이'나

'찰싹이'라고 부르건 말건, 당신이 무슨 상관이죠?"

"좋아, 알았으니 어디 맘대로 하라고. 나로서는 더 할 말이 없으니 말이야."

존슨이 피곤한 듯이 손을 내저으며 말했다.

"박사님, 괜찮으신가요? 의사를 불러드릴까요?"

보즈웰이 존슨을 걱정스러운 얼굴로 바라보며 호들갑을 떨었다. 존슨을 은근히 얕잡아보는 듯한 보즈웰의 그런 태도는 제법 보기 드문 광경이었다.

솔로몬과 칼라일은 이 모습을 보며 낄낄댔고, 존슨 박사는 보즈웰에게 자신은 괜찮으니 자네나 따뜻한 곳으로 휴양을 떠나는 게 어떻겠냐고 부드럽게 맞받아쳤다. 존슨 박사와 보즈웰이 조용히 신경전을 벌이는 동안 셈은 자신의 말을 이었다.

"저는 멍룡이가 소 다섯 마리, 그리고 함(Ham: 노아의 둘째 아들-역주)이 가장 아끼던 말을 이륜마차와 함께 한입에 꿀꺽 삼키는 모습을 현장에서 목격했어요."

셈의 말에 허풍선이 남작이 자리에서 벌떡 일어났다.

"저런 거짓말을 태연히 지껄여대다니 도저히 못 들어주겠군. 내가 이 자리를 떠나고 말지."

허풍선이 남작은 이렇게 중얼거리며 방을 나가 버렸다.

"그래서 멍룡이는 어떻게 되었지?"

보즈웰이 물었다.

"마차 때문에 죽고 말았어요. 바퀴를 소화하지 못했거든요."

셈이 천진난만한 목소리로 말했다.

노아는 아들을 바라보며 느릿하게 고개를 끄덕이고는, 이내 바넘에게 몸을 돌리고 조용히 말했다.

"내 아들이 한 말은 진짜라네. 그리고 한마디 더 보태자면, 설령 내가 그런 특이한 생명체들을 방주에 태웠다 하더라도 그 동물들을 자네의 흥행 사업에 끌어들이기란 불가능했을 걸세. 대홍수 이전의 생명체들이 자네가 애지중지하는 증기 오르간이나 멋진 전시품들을 잘근잘근 씹어 놓거나 꿀꺽 삼켜버리면 어쩔 작정인가? 아마도 그런 일을 당하고 나면 놈들을 자네 쇼에 출연시키겠다는 마음이 싹 사라질 거야. 그리고 나는 한때 디스코사우루스라는 생명체 한 쌍을 구하려고 한 적도 있었다네. 하지만 놈들은 내가 구해주지 않아도 잘 살 수 있을 것 같아서 그냥 놔두었지. 디스코사우루스들은 바다뱀과 용을 합친 것 같은 생명체였는데, 목 길이가 7m쯤 되었어. 하지만 당시 내 판단으로는 그놈들은 거센 폭풍우나 비바람이 몰아쳐도 어떻게든 살 수 있을 거로 생각했지. 하지만 내 생각이 틀렸다네. 인정하건대, 그건 내 실수였지. 바다뱀들이 대홍수에서 위험에 처할 거라고는 생각하지 못했기에 나는 그들을 구해주지 않았고, 결과적으로 그 생명체는 그 뒤로 두 번 다시 보지 못했다네. 아니, 사실은 딱 한 번 보긴 했지. 실제로 본 건 아니고 술을 마구 퍼마시다 추태를 부렸던 그날, 환상 속에서 그놈을 보았지……. 자네도 아까 그날의 내 추태를 언급하지 않았나. 바로 그때라네."

"본의 아니게 나쁜 기억을 떠올리게 했다면 미안하네."

바넘이 말했다.

"자네가 환상을 볼 정도로 인사불성이 되도록 취했다는 걸 도무지 믿을 수가 없군. 어쨌든 다시 본론으로 돌아가서 묻고 싶은 게 있네. 대형 파충류들은 그렇다 치고 대형 포유류마저도 후손에게 남겨주지 않은 이유가 뭔가? 디노테리움(장비목(長鼻目)에 속하지만, 코끼리와 달리 아래턱 앞니가 상아였던 고대의 포유류이다. 제3기 마이오세부터 플라이오세에 걸쳐 구대륙에서 살았다-역주)이나 메가테리움(부드러운 모피를 가진 포유류 초식 동물로, 남아메리카와 북아메리카의 남부에서 서식했다. 다 자라면 6m에 이를 것으로 추정된다-역주)처럼 표범 정도는 우습게 때려잡았을 것 같은 동물들 말일세. 이런 대형 포유류들이 지금까지 존재했다면 내 털북숭이 말(woolly house: 바넘이 쇼에서 사람들에게 보여주었던 특이하게 생긴 말-역주) 따위는 사람들의 관심거리 축에도 못 들었을 걸세. 그래서 내가 자네의 동물 선택 기준을 이해할 수 없다는 걸세. 어째서 표범이나 퓨마처럼 흔해 빠진 동물들은 구하고, 메가테리움은 죽게 내버려 둔 건가?"

"내 방주의 크기가 어느 정도였는지 알고는 하는 말인가?"

노아가 소리쳤다.

"자네는 내 방주가 가로 6km에 폭 3km쯤 되었던 줄 아나?(성경에 따르면 노아의 방주는 길이 3백 큐빗, 폭 50큐빗, 높이 30큐빗이었다. 이는 길이 약 135m, 폭이 약 23m, 높이 약 14m에 해당한다-역주) 만일 내가 방주의 뒤쪽에 디노테리움 한 쌍을 실었다면, 배가 확 기울어져서 마치 물속에 세워둔 전신주 꼴이 났을 거라고. 그렇다고 배의 균형을 잡기 위해 놈들을 배 한중간에 옴짝달싹 못 하게 꽉 묶어둘 수는 없는 노릇이지 않나? 이 친구야. 나는 배에 탄 동물들이 발을 한쪽씩 움직일 때마다 배가 뒤집히는 꼴을 보겠다고 바다 한가운데까지 나간 게 아니라고."

"코끼리를 싣는 것만으로도 당연히 힘들었다고요. 그렇죠, 아버지?"

셈이 말했다.

"그랬지, 아들아."

노아가 말했다.

"코끼리 한 쌍만으로도 당연히 위태로웠지. 코끼리들이 너무 움직여대는 바람에 하루에도 몇 번이나 바닥짐(선박에서 적절한 복원성을 유지하고, 배의 경사를 조절하기 위해 배의 하부에 싣는 짐-역주)을 옮겨가며 배의 균형을 맞춰야 했으니까. 게다가 또 식량은 얼마나 먹어대는지! 코끼리들을 먹여 살리고 달래느라 우리가 배에 실은 여물과 땅콩의 90%가 놈들 뱃속으로 들어갔다고. 당시에 내가 나 스스로와 가족은 거의 뒷전으로 두고서, 다른 동물들을 구하느라 얼마나 고군분투한 줄 알고는 있나? 그런데 인제 와서 이런 비난을 받다니, 속에서 천불이 나는군. 자네들은 내가 무슨 동물을 구했건 간에, 묻지도

따지지 말고 그저 나한테 감사해야 마땅하다고. 만일 다른 사람들이 나와 같은 입장이었다면 대부분은 달랑 요트 하나를 만들어서 자기 가족들만 태우고, 남은 생명체는 몽땅 홍수에 휩쓸려가게 내버려 뒀을 거라고."

"노아의 말이 맞네."

롤리 경이 노아를 향해 부드럽게 고개를 끄덕이며 말했다.

"자네는 확실히 이기적인 사람이 아니오. 비록 바넘과 마찬가지로 나 역시 대형 도마뱀들과 대형 포유류를 비롯한 다른 종들이 덩그러니 부두에 남겨져서 방주가 떠나는 모습을 지켜봐야 했던 데 대해서는 가슴이 아프지만……. 뭐 당시의 자네로서는 그게 최선이었다고 생각하네."

"이 문제에 대해서 책임을 진 사람은 오직 우리 아버지뿐이었다고요."

셈이 말했다.

"그리고 아버지는 그 일을 해내기 위해 용기란 용기는 다 끌어내셔야 했어요. 아버지는 당시에 사람들에게 온갖 비웃음을 당했어요. 대홍수가 일어날 거라는 아버지 말을 믿지 않는 사람들은 하루도 빠짐없이 찾아와서 종일 마당에 서서 방주를 짓는 아버지에게 야유를 퍼부어댔어요. 어떤 이는 아버지가 운하(내륙에 선박을 항해하거나 농지에 물을 대기 위해 인공적으로 만든 수로-역주)를 통과하기 위한 좁고 길쭉한 배를 만드느냐며 빈정댔어요. 그러면서 홍수가 오면 물이 강둑(여기서는 '예선로'를 말한다. 이는 운하를 따라 둑처럼 쌓아놓은 길로, 과거에는 이 길을 통해 동물들이 운하용 배를 끌고 다녔다-역주)을 넘칠 정도로 많이 오느냐고 물어댔죠. 그러면서 강둑에 물이 조금 넘치면 노새가 배를 끌고, 물이 조금 많이 넘치면 기린에게 배를 끌게 하면 어떻겠냐고도 했죠. 대홍수의 규모를 아주 많이 얕잡아 본 거죠. 어떤 사람들은 우리 배의 속도를 묻더니, 일 년 하고도 두 달 동안 1마일(약 1.6km) 정도만 가도 잘 가는 거라고 말하더라고요."

"정말 모욕적이었다고."

노아가 손가락으로 테이블을 신경질적으로 두드리며 말했다.

"이제 그런 일이라면 두 번 다시 겪고 싶지 않아. 그리고 아까 롤리 경이 말했다시피 역사가 되풀이되는 거라면, 나는 방주를 짓는 일은 바넘에게 하청주겠어. 그러면 바넘이 나 대신 실컷 조롱거리가 되겠지."

"하지만 결과적으로는 다 잘되었어요, 아버지. 대홍수가 일어나던 날, 우리는 그동안 우리를 조롱하던 이들을 반대로 비웃어주었으니까요."

셈이 말했다.

"그래, 그랬지. 그 사람들에게 우리는 최상급 승객만 받고, 어중이떠중이들이 탈 자리는 없다고 말해 주었지. 그제야 사람들은 노아의 방주가 아무짝에도 쓸모없는 구닥다리 배 따위가 아니라는 사실을 깨닫게 되었어. 우리를 비웃던 사람들이 시간이 있을 때 조금씩이라도 홍수에 대비했더라면 우리처럼 몇백 년은 더 살았을 텐데 말이야(창세기에 따르면 노아는 대홍수 이후에 350년을 살았고, 950세가 되어 죽었다-역주)."

노아가 기분 좋게 말을 마치자, 바넘은 자리를 뜨기 위해 일어섰다.

"하지만 난 여전히 자네가 디스코사우루스를 구하지 않은 건 애석하게 생각하네. 목 길이가 7m나 되는 생명체라니 정말 볼만하지 않았겠나. 그런 생명체라면 돈을 마구 쓸어 담을 수 있었을 텐데. 게다가 놈들을 전시장에 세워놓고, 그 긴 목을 뻗어서 텐트 아래로 몰래 숨어들어 앞줄을 차지하는 맹랑한 꼬맹이들을 깨물어 주도록 훈련시켰어도 제법 쓸 만했을 거라고."

바넘이 말했다.

"뭐 그거야, 자네 사정이지. 자네에겐 안 된 일이지만, 나로서는 결과에 아주 만족하고 있다네."

노아가 빙그레 웃으며 말했다.

노아의 말에 좌중은 노아가 스스로 떳떳하며, 충분히 만족할 만한 이유가 있다는 사실을 인정할 수밖에 없었다.

"하지만 그게 월터 롤리 경의 잘못은 아니야.
롤리 경은 '여성의 날'을 만들어서 여자들을 하우스보트에 초대하려고 했으니까.
하지만 다른 남자들은 여성의 날을 지정하는 데에는 마지못해 동의했지만,
구체적인 날짜를 정하는 일은 어떻게든 막아보려고
안간힘을 쓰고 있다더군."

# a houseboat
# on the styx

# The 12th Game
# 사라진
# 하우스보트를 찾아라!

엘리자베스 여왕은 오필리아와 크산티페(소
크라테스의 아내로 남편을 이해하지 않고 항상 욕하는 등 남편을 경멸하여,
악처의 대명사가 되었다. 하지만 그녀가 실제로 악처였는지는 확실하지 않
다-역주)와 함께 강둑을 따라 산책하고 있었다. 때는 바야흐로 아름
다운 가을이었지만, 이상 기온으로 하데스는 한여름만큼이나 무더운
날씨가 이어졌다. 붉은 수은주는 온도계를 뚫고 나가기라도 하려는
듯 높이 치솟아 있었고, 저승을 지키는 개, 케르베로스는 세 개의 코
와 여섯 개의 귀에 쉴 새 없이 달라붙는 지독한 모기의 유령들을 세
개의 입으로 연신 물어뜯느라 바빴다. 머리가 세 개인 탓에 그만큼 모
기떼의 공격도 심했으니, 참으로 딱한 일이 아닐 수 없었다.

한편, 세 여인 중 오필리아는 한창 대화를 주도하는 중이었다.

"난 지금까지 단 한 번도 자전거를 타 보고 싶다는 생각은 한 적

이 없고, 앞으로도 그럴 거예요."

오필리아가 잘라 말했다.

"일단은 자전거를 도대체 무슨 재미로 타는 건지 이해할 수 없고, 그리고 둘째, 치마를 입은 채로 자전거를 타는 건 아주 위험한 일이니까요. 혹시 치맛단이 자전거 페달에 끼이기라도 하면 어떻게 되겠어요?"

"바로 병원에 실려 가겠지."

엘리자베스 여왕이 말했다.

"글쎄, 나라면 치마를 안 입고 말지."

크산티페가 재빨리 받아쳤다.

"남편 옷을 빌려 입으면 되잖아? 위험을 피하려고 남편 옷을 빌려 입겠다는데 그것도 못 하면 남편이라는 작자들이 다 무슨 소용이 겠어? 남편이 잔소리하든 말든 상관없다고. 난 누가 뭐래도 소크라테스(Socrates, BC469?~399: 고대 그리스의 대표적인 철학자로 문답법을 통한 깨달음, 무지에 대한 자각, 덕과 앎의 일치를 중시했다. 강의를 통해 세속적인 명예와 부를 누렸던 소피스트와는 달리 소크라테스는 가르침의 대가로 돈을 받지 않으며 늘 소박한 옷차림을 했고, 그의 뒤에는 언제나 각지에서 찾아온 제자들이 따랐다. 소크라테스는 말년에 청년들을 부패하게 했으며 이상한 신을 믿는다는 이유로 고소당하고 사형 선고를 받는다. 소크라테스는 도망치라는 제자들의 설득에도 '악법도 법이다'라며 담담히 독배를 받아들이고 죽음을 맞는다-역주)의 옷을 빌려 입고 남자들이 타는 자전거를 타겠어. 설령 이곳 하데스의 영혼들이 그 모습을 아니꼽게 보더라도 상관없어. 보기 싫어도 자기들이 참아야지 별수 있겠어?"

"소크라테스의 옷을 입는다 해도 자전거를 타는 데는 별로 도움이 안 될 것 같은데요. 소크라테스는 다른 고대 그리스인들처럼 치마를 입잖아요. 게다가 토가는 치마만큼이나 자전거 바퀴에 걸리기 쉬운걸요."

오필리아가 말했다.

오필리아의 말에 크산티페는 적잖이 당황한 기색을 보였다. 그녀의 태도로 보아 크산티페는 오필리아가 지적한 내용에 대해서는 미처 생각해 보지 않은 것이 분명했다. 사실 크산티페처럼 자기주장이 강한 이들은 자신들의 권리와 관련된 일을 주장할 때에 종종 중요한 증거들을 못 보고 지나치는 경향이 있었다.

"어쨌든 자네가 살던 시대의 여성들은 의상 문제에서는 비교적 자유로웠겠군."

엘리자베스 여왕이 웃으며 말했다.

"내가 살던 시대의 여성들은 옷에 대해서라면 남편과 평등했다고요. 특히나 우리 집에서는 더욱더 그랬고 말이죠. 하지만 이제 여성들은 남자들과 평등하게 옷을 입을 권리를 잃은 채 지금 당신들처럼 불편하고 답답한 옷에 자신을 가둬 두고 있다고요. 반면, 남자들은 편안하고 정상적인 일상복을 입는 특권을 차지했는데 말이죠. 그 문제와는 별개로, 내가 하려고 했던 이야기로 다시 돌아가자면, 나는 소크라

테스의 옷을 입고 자전거를 탈 거예요. 설령 그것 때문에 소크라테스가 나가서 새로 옷 한 벌을 사야 한다 해도 상관없어요!"

크산티페가 목청을 높이며 말했다.

이 말에 엘리자베스 여왕은 눈을 휘둥그렇게 뜨고는 크산티페를 유심히 쳐다보았다.

"이렇게 대단하신 여장부께서 어쩌다 결혼을 하게 되었는지 모를 일이군. 크산티페, 남자들에게 그런 감정이 있으면서 어떻게 결혼해서 남편을 둔 건가? 나로서는 이해 못 할 일이군."

엘리자베스 여왕이 말했다.

"쳇!"

크산티페기 톡 쏘아 말했다.

"물론 여왕님은 결혼하실 필요가 없었겠죠. 태어나실 때부터 권력이 있는 분에게 굳이 남편이 필요하겠어요? 하지만 저는 여왕님과 처지가 완전히 달랐답니다."

"저기……, 그런데 성격은 어쩌다 그렇게 된 건가요?"

오필리아가 순진한 얼굴로 물었다.

이 말에 크산티페는 싸늘한 표정으로 콧방귀를 뀌었다.

"내가 당시에 나이를 먹을 대로 먹은 노처녀만 아니었어도 그렇게 한 남자에게 목매진 않았을 거라고."

크산티페가 성난 목소리로 쏘아붙였다.

"그래도 나는 소크라테스를 사랑했고, 그의 조각 실력을 높이 평가했기 때문에 그와 결혼했어. 그런데 소크라테스가 갑자기 조각을 때려치우고 철학자가 된다고 하는 게 아니겠어? 내 인내심을 시험한 건 그 사람이라고. 그 사람은 너무나 자기 멋대로 행동했고, 그런 그의 몹쓸 행동 때문에 나는 한두 번 정도 분노를 폭발시켰지. 그 결과, 나는 남편을 못살게 구는 악처로 후세에 이름을 떨치게 된 거라고(크산티페는 소크라테스에게 어느 날 불같이 화를 내며 물 한 바가지를 들고나와 남편의 머리에 부어 버렸다. 주위에 있던 사람들은 기가 막혀 어쩔 줄 몰랐지만, 소크라테스는 "번개가 치고 천둥이 울리면 비가 오는 법이지"라고 말하며 웃어넘겼다는 일화가 전해지지만, 사실인지는 정확하지 않다고 한다. 후에 제자들이 소크라테스에게 결혼을 꼭 해야 하느냐고 묻자, 소크라테스는 "결혼은 반드시 해야 하네. 좋은 아내를 얻으면 행복할 것이고, 나쁜 아내를 얻으면 나처럼 철학자가 될 테니까"라고 말했다는 일화도 전해진다. 이 역시 꾸며낸 이야기라는 말도 있다. 어쨌든 이런 일화로 크산티페는 줄곧 잔소리가 심하고 남편을 경멸하는 악처로 후세에 길이 이름을 남기게 된다-역주) 하지만 나는 그 일로 한 번도 불평한 적은 없고, 지금도 마찬가지야. 그렇다고 해도 연구에만 몰두한 나머지, 아침에 일어나서 아무 생각 없이 아내 옷을 입고 일하러 가는 철학자 남편을 둔 아내는 충분히 사람들의 동정을 받아야 마땅하다고 생각해."

"하지만 당신도 남편의 옷을 입고 싶어 하잖아요."

오필리아가 지적했다.

"당한 만큼 돌려주는 건 정당한 일이라고."

크산티페가 말했다.

"그 사람이 악법도 법이라고 말하며 독배를 마신 덕분에, 내가 얼마나 괴로움을 겪었는지 안다면 그 정도는 약과지."

"자네는 그저 남자의 악독한 수에 빠진 희생자일 뿐이네."

엘리자베스 여왕은 잔뜩 화가 나서 울음을 터뜨리려는 크산티페를 위로하려는 듯 부드럽게 말했다.

"나 역시 운 좋게 남자들의 그런 면을 일찍이 깨달았고, 덕분에 단 한 번도 결혼하지 않았지. 내 아버지(결혼을 여섯 번 했던 헨리 8세를 가리킨다. 엘리자베스 여왕은 헨리 8세의 두 번째 아내인 앤 불린 사이에서 태어난 공주이며, 앤 불린은 엘리자베스 여왕이 어렸을 때 간통의 오명을 쓰고 처형당했다–역주)만 봐도 남자들은 지긋지긋하다고. 설령 내가 그런 아버지의 행실을 충분히 이해해 줄 만큼 도량이 넓었다 해도 여전히 나는 결혼하지 않았을 거야. 왜냐하면, 아버지가 결혼을 너무 많이 해서 남긴 가족이 차고도 넘쳤으니까. 이런 판에 나까지 가족을 더 만들 필요가 뭐 있겠어."

"하지만 그렇게 멋진 남정네들을 전부 거절하시다니 참으로 힘드셨겠어요."

오필리아가 한숨을 쉬며 말했다.

"물론 월터 롤리 경이 내 연인인 햄릿만큼 잘생기진 않았지만, 꽤 매력적인 분이시잖아요."

"그렇긴 하지."

엘리자베스 여왕이 말했다.

"사실 그가 내게 청혼했을 때 속으로는 그를 거절하고 싶지 않았지. 하지만 나는 그에게 이렇게 못 박아 두었지. 설령 내가 그와 결혼한다 해도 내가 '롤리 부인'이 되는 게 아니라, 대신 롤리 경이 내 성을 따라야 할 거라고 말이지. 그러자 그는 증기선을 타고 버지니아로 떠나 버렸어. 이런 식으로 나는 결혼이라는 불유쾌한 짐을 덜 수 있었지."

이런 대화를 나누며 역사적으로 유명한 여인들 세 명은 천천히 길을 따라 걸었다. 그리고 마침내 세 사람은 하우스보트가 닻을 내리고 정박해 있는 외딴 강기슭에 당도했다.

"이게 바로 문제의 그 하우스보트로군."

하우스보트가 어렴풋이 보이기 시작했을 때, 크산티페가 못마땅하다는 듯이 입을 열었다.

"하여간 온갖 화려하고 즐거운 것들은 죄다 남자들 차지라니까. 우리 여자들한테는 배와 연결된 저 건널 판자 위를 넘어가는 것도 못하게 하면서 남편이나 그의 형제들, 그리고 그 친구들은 마음대로 저곳에 드나들잖아. 남자들이 들어가고 나서 일단 문이 닫히면 완전히 감감무소식이지. 저 안에서 도대체 무슨 일이 벌어지는지 우리로서는 짐작도 할 수 없다고. 소크라테스 말로는 저기서 벌어지는 유흥은 전적으로 순수한 것들이라고 했지만, 말로만 들어서야 어디 믿을 수가 있어야지. 이뿐만 아니라, 내가 집에서 아들들과 놀아주는 동안 소크라테스는 저 안에 처박혀 있느라 집에는 잘 들어오지도 않는다고. 브리태니커 백과사전(Encyclopædia Britannica, 지금까지도 발행되는 것 중에서는 가장 오래되었고, 영어로 쓰인 백과사전으로 1768년 스코틀랜드에서 처음 출판되었다-역주)에 적힌 문장에 따르면, 바로 '어리석고 둔한' 내 아들들과 말이지. 한 마디로 그 사람이 클럽 활동에 몰두할 동안, 나는 어리석고 아둔한 짓이나 하고 있었단 말 아니겠어!"

"저 치들은 여자들을 하우스보트에 들이는 걸 탐탁지 않게 생각하고 있는 것 같아."

엘리자베스 여왕이 말했다.

"하지만 그게 월터 롤리 경의 잘못은 아니야. 롤리 경은 '여성의 날'을 만들어서 여자들을 하우스보트에 초대하려고 했으니까. 하지만 다른 남자들은 여성의 날을 지정하는 데에는 마지못해 동의했지만, 구체적인 날짜를 정하는 일은 어떻게든 막아보려고 안간힘을 쓰고 있다더군."

"재미 삼아 지금 저 안에 몰래 들어가 보면 어떨까요? 설령 그런다 해도 지금은 아무도 막을 사람이 없어 보이는데요."

오필리아가 킥킥 웃으며 말했다.

"좋은 생각이야."

크산티페가 거들었다.

"창문이 전부 닫힌 것으로 봐서 안에 아무도 없는 게 틀림없다고. 잠깐 안을 들여다보고 싶은데."

"나도 찬성이네."

엘리자베스 여왕이 재미있다는 듯 얼굴을 환히 밝히며 말했다. 엘리자베스 여왕으로서는 자신에게 금지된 장소가 존재한다는 것이 불유쾌한 동시에 한편으로는 매우 새로운 경험이었다.

"자, 그럼 가 볼까."

여왕이 힘주어 말했다.

그리하여 엘리자베스 1세, 크산티페, 그리고 오필리아는 강기슭과 배를 이어놓은 다리 위를 따라 살금살금 걸어갔다. 하우스보트에 승선한 세 여인은 창문 안을 들여다보았다. 하지만 창문을 통해 본 내부의 모습은 한층 더 그녀들의 호기심을 자극했다.

"내부를 좀 더 자세히 봐야겠어."

엘리자베스 여왕은 이렇게 말하며 곧장 달려가서 문을 열었다. 크산티페와 오필리아도 이내 종종걸음으로 여왕의 뒤를 따랐다. 세 여인은 안으로 들어오자마자 하우스보트 안에 마련된 멋진 당구장을 보고 입을 쩍 벌렸다. 이때 하데스 안팎에서 제일가는 당구장 관리인인 리처드가 세 여인에게 다가왔다.

"실례합니다만……."

리처드는 갑작스레 나타난 여성들에게 노골적으로 불쾌한 기색을 보이며 말했다.

"죄송하지만, 숙녀분들은 이곳에 오실 수 없습니다."

"이쪽도 미안한 건 마찬가지요."

엘리자베스 여왕이 최대한 오만하고 고압적인 태도를 보이며 입을 열었다.

"자네의 고용주들이 어떻게든 우리를 여기 못 오게 하려고 애쓰고 있다는 건 알고 있었소. 하지만 우리는 이미 이곳에 와 있는 데다, 다른 회원들도 없으니 지금 이 기회를 최대한 활용하고 싶소. 그런데 다른 회원들은 다 어딜 간 거요?"

"그건 잘 모르겠는데요."

리차드는 빙그레 웃으며 대답했다. 하지만 그가 사실대로 말하고 있지 않다는 건 확실했다.

"어머, 왜 이러실까."

여왕이 친절한 목소리로 말했다.

"자네가 모르면 누가 알겠나? 롤리 경 말로는 자네는 모르는 게 없다고 하던데. 자, 다른 회원들이 어디 있는지 어서 말해 보게."

"꼭 대답을 들으셔야 한다면 말씀드리겠습니다."

엘리자베스 여왕의 태도에 잔뜩 주눅이 든 리처드는 결국 실토하고 말았다.

"다른 회원들은 골리앗(Goliath, 골리앗은 구약 성경의 사무엘기에 등장하는 블레셋의 거인 병사이다. 그는 이스라엘 측에 최고의 전사와 일대일로 대결하자고 제안했지만, 아무도 나서지 않았다. 하지만 양치기 소년인 다윗이 돌을 던져 골리앗의 이마에 맞혀 그를 쓰러뜨린다-역주)과 삼손이 상금을 걸고 벌이는 격투시합을 보기 위해 강 건너편에 가셨습니다."

"역시 그럴 줄 알았어!"

리처드의 말이 끝나기가 무섭게 크산티페가 버럭 소리를 질렀다.

"역시 클럽은 핑곗거리일 뿐이었어. 소크라테스는 내게 오늘 이 곳에서 칼라일과 점심을 같이 할 거라고 말했어. 그런데 알고 보니 둘 이서 나란히 구역질 나는 돈벌이용 격투시합 따위를 보러 갔다 이거 지!"

"그렇습니다, 부인. 그리고 만일 경기에서 골리앗이 이긴다면, 소 크라테스 씨는 오늘 저녁에 집에 들어가실 것 같지 않더군요."

리처드가 말했다.

"내기 때문인가요?"

크산티페가 한쪽 입가를 끌어올리며 내뱉었다.

"그렇습니다, 부인."

리처드가 대답했다.

"클럽에서 말이죠?"

크산티페가 소리쳤다.

"그렇지 않습니다, 부인."

리처드가 황급히 말했다.

"클럽 안에서 내기는 엄격하게 금지되어 있습니다. 하지만 이곳 에서 열 발자국만 걸어 나가면 바로 해변이지요. 그래서 신사분들은 늘 해변에서 내기하지요."

크산티페와 리처드가 이야기를 나누는 동안, 엘리자베스 여왕과 오필리아는 하우스보트 내부를 둘러보며 보는 것마다 연신 감탄사를 터뜨렸다.

"루크레치아 보르자와 칼푸르니아(율리우스 카이사르의 세 번째 아내. 항간에 따르면, 칼푸르니아는 카이사르의 죽음을 예언하고 그에게 경고하려 했다고 전해진다. 셰익스피어의 희곡 『율리우스 카이사르』에서도 칼푸르니아가 꿈에서 카이사르의 동상이 피로 넘치고, 카이사르가 자신의 팔에 안겨 죽음을 맞이하는 모습을 보았다고 말하는 대사가 있다-역주)가 이걸 봤어야 하는 건데. 칼푸르니아와 통화가 될지 모르겠군."

엘리자베스 여왕이 말했다.

알아본 결과, 루크레치아와 칼푸르니아 모두 전화 연결이 가능했다. 짧은 대화가 오간 후에 루크레치아와 칼푸르니아는 하우스보트 안의 상황을 재빨리 파악했고, 그리하여 두 사람은 소문으로만 무성하던 클럽하우스 내부를 구경하기 위해 득달같이 달려왔다.

이뿐만 아니라, 두 사람은 데스데모나(셰익스피어의 희곡 〈오셀로〉의 여주인공이다. 명문가 출신의 아름다운 여인 데스데모나는 흑인 장군 오셀로의 무용담을 듣고 그와 사랑에 빠져 비밀리에 그와 결혼한다. 하지만 오셀로는 부관인 이아고의 꾐에 빠져 데스데모나의 정절을 의심하다가 결국 그녀를 죽이고 자신도 자살한다-역주)와 클레오파트라(Cleopatra, BC69~30: 이집트의 프톨레마이오스 왕조의 여성 파라오이다. 내외부적으로 나라가 위기에 처했을 때, 클레오파트라는 카이사르와 관계를 맺음으로써 내부의 적을 물리치고 이집트의 안전과 독립을 보장받는다. 카이사르가

죽은 후에 이집트로 돌아오지만, 입지가 약해지자 이번에는 안토니우스와
사랑에 빠지고 그와 결혼한다. 하지만 안토니우스가 옥타비아누스에게 악티
움 해전에서 패하고 죽음을 맞게 되자, 결국 클레오파트라는 독뱀을 풀어 자
살한다-역주)를 비롯하여 대여섯 명의 다른 여인들을 함께 데려왔다.
그리하여 하우스보트에서는 지금껏 보지 못한 특별한 회의가 시작되
었다. 그 회의의 의장은 엘리자베스 여왕이었으며 하데스 최고의 여
인들이 회원으로 선출되었다. 크산티페는 골리앗이나 삼손처럼 폭력
적인 성향이 있는 쓰레기 같은 놈들을 부추겨서 돈벌이 격투시합을
마련한 비신사적인 행동을 한 남성들을 모조리 추방할 것을 제안하
여 다른 회원들의 열렬한 박수를 받았다. 데스데모나는 동의에 찬성
했고, 칼푸르니아는 적극적으로 개입하지는 않았지만 근엄한 표정으
로 동의의 미소를 지어 보였다. 그리하여 크산티페의 제안은 이의 없
이 만장일치로 통과되었다.

남성 회원들에 대한 제명 처분은 속전속결로 이루어졌고, 카론을
대신한 새로운 관리인으로는 리처드가 임명되었다. 하우스보트 클럽
의 영구적인 회장으로 선출된 클레오파트라를 필두로 이제 클럽은
완전한 물갈이가 이루어졌다. 남성 회원들을 강제로 탈퇴시키고 새
롭게 회원이 된 이들 여성 회원들은 휴정을 선언한 후, 막 얻어낸 따
끈따끈한 회원의 특권을 마음껏 누리기 시작했다. 흡연실은 잠시 회
원들로 발 디딜 틈 없이 북적였다. 하지만 리처드가 삽으로 담배를 벽
난로에 퍼 넣는 일에 열중한 나머지, 담배 연기가 지나치게 메케해진

탓에 흡연실의 인기는 그리 오래 가지 못했다. 크산티페는 메케한 담배 연기로 하얗게 질린 얼굴을 한 채, 재빨리 흡연실을 떠났다.

이 영혼들은 오랫동안 빼앗겼던 권리를 맘껏 누리게 된 즐거움에 한껏 취한 나머지, 주위 상황에 대한 경계를 늦춘 채 방심해버리고 말았다. 하지만 바로 그날 밤, 엄청난 위험이 그들을 향해 닥쳐오고 있었고, 안타깝게도 지금 이 글을 쓰고 있는 이 순간까지 그들은 여전히 위험에서 벗어나지 못한 상황이다. 현재로서 필자는 영혼연합회 회원과 그들의 아름다운 하우스보트에 대한 정보를 전혀 듣지 못하고 있다. 배에 타고 있던 여성들이 하우스보트 내부의 아름다움에 그토록 탐닉하지만 않았더라면, 그늘진 서쪽 해안을 따라 칠흑같이 어두운 스틱스강물 위를 노련한 솜씨로 부드럽게 노를 저어 재빠르게 다가오는 길쭉한 배 한 척을 발견할 수 있었을 텐데.

노를 젓는 이들은 사악한 얼굴을 한 열두 명의 무법자들이었다. 그리고 무서운 속도로 하우스보트에 접근하는 배 안에는 냉혹한 표정을 짓고 있는 구릿빛 피부색의 한 남자가 타고 있었다. 그는 완전무장을 하고 있었으며, 코트 소매에는 해골과 교차한 뼈가 그려진 해적의 표식이 달려 있었다.

그날 밤, 도둑처럼 몰래 강에 숨어든 배에 타고 있던 인물은 다름 아닌 키드 선장(Captain Kidd, 1654?~1701: 본명은 윌리엄 키드이다. 그는 카리브해에서 활동한 식민지 정부의 함선의 선장이자 유명한 해적이다. 영프 전쟁 때 윌리엄 3세의 명을 받아 활약했으며, 해적을 진압하기도 했다.

하지만 결국 해적과 손을 잡고 해적질을 하다가 체포되어 교수형을 당했다-
역주)과 그의 부하들이었다. 키드 선장이 부하들을 이끌고 이곳에 나
타난 것은 복수를 위해서였다. 사정을 간단히 설명하자면, 키드 선장
은 최근에 하우스보트 클럽이 고의적으로 자신을 골탕 먹인 것에 대
해 이를 갈고 있었다. 하우스보트 클럽의 한 회원이 키드 선장을 클럽
의 회원으로 추천했고, 다른 회원 한 명이 이에 동의했으나, 막상 투
표가 진행되자 모든 회원이 그에게 반대표를 던졌다. 심지어 자신을
추천하고 동의한 사람까지도 말이다. 한 마디로 그들은 키드 선장을
골탕 먹이기로 작정하고 일을 벌인 셈이었다.

"내가 비록 해적이긴 하지만……."

자신이 만장일치로 반대표를 받았다는 소식을 전해 들은 키드 선
장은 부드득 이를 갈며 말했다.

"내게도 감정이라는 게 있다고. 내게 그런 행패를 부린 데 대해서
영혼연합회 놈들에게 쓴맛을 보여주겠어. 놈들이 애지중지하는 하우
스보트가 내 손 안에 들어오고, 자신들에게는 빚만 남게 되었다는 걸
알면 그제야 눈물을 쏟으며 후회하겠지."

호시탐탐 기회를 엿보던 이 악명 높은 해적 무리가 하우스보트가
방심한 틈을 타서 습격하게 된 것은 바로 그런 목적에서였다. 키드 선
장은 스파이에게서 하우스보트 회원들이 모두 격투시합을 보러 갔다
는 소식을 듣고, 복수를 실행에 옮길 절호의 기회라 생각했다. 게다가
운명의 여인은 한술 더 떠서 하우스보트뿐만 아니라 하데스에서 가

장 매력적이고 품위가 있는 여인들까지 키드 선장의 손에 맡김으로써 키드 선장이 한층 더 치명적이고 무시무시한 복수를 하도록 도와주었다. 비록 키드 선장은 배 안에 여인들이 타고 있다는 사실은 전혀 모르고 있었지만 말이다. 그리하여 불쌍한 여인들은 냉혹하고 잔인한 해적들이 서서히 다가오고 있다는 사실을 까맣게 모른 채, 하우스보트 안에서 춤추고 노래하며 행복한 시간을 보내고 있었다.

키드 선장과 그의 부하들을 태운 배가 스틱스강의 굽은 곳을 돌아 들어온 지 채 5분도 되지 않아, 키드와 그 부하들은 곧장 하우스보트 위로 올라갔다. 그들은 하우스보트가 떠내려가지 않도록 고정하고 있는 밧줄을 뎅겅 잘라 버렸고, 그로부터 십 분 후 하우스보트는 하데스의 사교계를 빛내는 보석과도 같은 여인들을 태운 채 미지의 장소로 향하고 있었다.

이후에 일어난 일은 다음과 같다. 키드 선장의 범행이 밝혀졌을 때, 하데스는 말 그대로 발칵 뒤집혔다. 하지만 내가 이 글을 쓰고 있는 이 순간까지도 하우스보트와 그 배에 타고 있는 귀중한 승객들에 대해서는 여전히 감감무소식이다.

롤리 경과 카이사르는 하우스보트를 찾기 위해 온 바다를 샅샅이 뒤졌고, 햄릿은 자신의 왕국을 현상금으로 내걸었지만 아무런 성과도 거두지 못했다. 하데스의 모든 남자는 끝나지 않을 것만 같은 괴로움 속에서 실의에 빠진 채 하루하루를 보내고 있었다.

하지만 소크라테스만은 예외였다.

"그들은 언젠가는 돌아올 걸세, 롤리 경."

두 손을 얼굴에 푹 파묻은 채 흐느끼고 있는 롤리 경에게 소크라테스가 말했다.

"그렇게 푸념할 건 없네. 내 아내 크산티페를 영원히 잃어버리는 일은 일어나지 않을 거야. 철학자로서 확신하건대, 그런 행운이 내게 찾아올 리가 없지. 게다가 클럽이야 새로 만들면 되지 않나."

"말이야 쉽지."

롤리 경은 눈물을 닦아내며 한숨을 푹 쉬었다.

"난 클럽 따위는 어떻게 되든 상관없네. 하지만 그 가엾은 여인들을 생각하기만 하면……."

"그들은 괜찮을 걸세."

소크라테스가 껄껄 웃으며 말했다.

"카이사르의 아내인 칼푸르니아가 함께 있지 않나. 칼푸르니아가 든든한 보호자 역할을 해 줄 걸세. 그 여인들에게도 기회를 한번 줘보라고. 그 여인들은 몇 년 동안이나 우리 클럽을 호시탐탐 노리다가 마침내 하우스보트를 차지했으니, 그곳에서 최대한 즐기게 내버려두자고. 헴록(미나리과의 독초로 신경체계를 마비시켜 사망에 이르게 한다. 사형 선고를 받은 소크라테스가 마신 독배에 들어 있던 독이기도 하다-역주) 사워(위스키나 진에 레몬즙과 설탕을 넣은 새큼한 산성 음료-역주)나 한잔 가져다주게. 그리고 여인들이 하우스보트에서 클럽 생활을 즐

겹게 누리기를 바라며 건배나 하세."

　소크라테스의 제안에, 비탄에 빠져있던 남성 회원들은 다 함께 건배하고 술잔을 기울였다. 나 역시 그들과 함께 술잔을 비웠다. 우리는 모두 하데스의 위대한 여성들이 자신들이 그토록 바라마지 않던 하우스보트에서 즐겁고 유쾌한 시간을 보내기를 진심으로 기원하며 상심한 마음을 달래었다. 〈끝〉

# 유쾌한 상상력과
# 톡톡 튀는 대화로 가득한
# 뱅스의 판타지 속으로!

셰익스피어, 노아, 베이컨, 데모스테네스, 사무엘 존슨, 공자, 햄 릿, 나폴레옹, 허풍선이 남작, 엘리자베스 여왕, 아담 등을 비롯하여 수십 명의 역사적 인물들과 성경 및 문학 작품 속 인물들이 한자리에 모여서 대화를 펼친다면? 존 켄드릭 뱅스의『하우스보트에서의 인문 학 게임(원제 A Houseboat on the Styx)』은 바로 이러한 가정을 바탕 으로 쓴 책이다. 그리고 이 인물들의 대화가 펼쳐지는 장소는 바로 명 계 하데스를 감싸고 흐르는 스틱스강 위에 떠 있는 '하우스보트'라는 클럽이다.

자, 그렇다면 이름도 고매하신 온갖 인물들이 한자리에 모여서 무슨 대화를 하는 걸까? 역사적이며 위대한 발자취를 남긴 인물들답 게 고상하고 예의 바르게 심도 있는 의견을 주고받는다고 생각하면 단단한 착각이다. 이 책의 저자인 뱅스는 이 유명한 인물들을 다소 '도발적'이다 싶을 정도로 풍자하고 희화화시킨다. 덕분에 이 책 속에 등장하는 인물들은 마치 싸움닭마냥 거침없이 서로에게 인신공격을 퍼부어대기도 하고, 말꼬리를 잡고 늘어지거나, 온갖 잡다하고 황당 무계한 이야기들을 늘어놓는다.

역사상 가장 위대하고 영향력 있는 극작가로 평가받는 셰익스피 어는 이 책에서 베이컨이 읊어주는 〈햄릿〉을 그대로 '받아 적은' 대필 가로 그려지는가 하면(물론 책 속에서 셰익스피어 본인은 그 사실을 극구 부인하긴 하지만), 위대한 평론가이자 달변가로 알려진 사무엘 존슨은 이 책에서 아담은 기실 원숭이였고 아담의 꼬리가 떨어져서 뱀이 되 었다는 황당한 궤변을 늘어놓는다. 어디 그뿐이랴. 느닷없이 햄릿이 나타나서 자신을 연기하는 배우의 연기가 도통 마음에 들지 않는다 며 그 배우를 핍박하는 잔혹극을 한 편 써 달라고 셰익스피어에게 제 안하는가 하면, 19세기 최고의 흥행술사 P.T. 바넘은 노아에게 어째 서 대형 공룡이나 혹은 메가테리움 같은 대형 포유류 대신, 시시하기 짝이 없는 작은 동물들만 방주에 실었느냐고 비난을 퍼붓기도 한다.

이처럼 이 이야기는 다양한 인물들이 온갖 잡다한 주제로 떠들어 대느라 잠시도 쉴 틈이 없다. 등장인물들이 탁구공처럼 통통 튀며 주 거니 받거니 하며 거침없이 떠들어 대는 대화들을 읽다 보면 독자들 은 어느새 그들의 재기발랄하면서도 풍성한 이야기에 쏙 빠져들게 될 것이다.

## 유쾌한 잡담들 속에서
## 덤으로 얻어가는 인문학 상식

하지만 얼핏 장난처럼 떠들어 대는 그들의 이야기는 기실 마냥 가볍지만은 않다. 일단은 그들의 대화 내용을 이해하기 위해서는 반드시 역사와 신화, 성경, 문학 등에 대한 어느 정도의 배경지식이 필요하다. 이러한 배경지식이 없다면 도대체 이 책 어느 부분에서 웃어야 할지, 그 웃음 포인트를 잃어버리기 십상이기 때문이다.

덕분에 독자의 이해를 돕기 위해 이 책의 상당 부분에 역주를 달아 놓았다. 역자 역시 이 책을 번역하며 여기에 등장하는 수많은 인물의 프로필을 다시 한번 점검했고, 사무엘 존슨과 보즈웰의 돈독한 관계나, 헨리 8세와 여섯 명의 부인들에 얽힌 이야기들, 엘리자베스 1세와 월터 롤리 경과의 관계, 루크레치아 보르자를 둘러싼 항간의 소문, 셰익스피어의 작품들의 진위에 대한 논쟁, 노아에 얽힌 뒷이야기 등 이 책에서 언급된 대화를 이해하려고 필요한 자료들을 찾아보지 않을 수 없었다.

이와 동시에, 이 책의 저자 뱅스가 방대한 인문학적 지식과 풍부한 배경지식을 자유자재로 유머의 소재로 써먹는 대범함과 재치에 새삼 놀랐다. 유명한 실존 인물들을 거침없이 희화화시키는 대범함, 그리고 자칫 지루할 수 있는 인문학적 소재를 이토록 기발하고 가볍게 풀어내는 작가의 재치와 상상력은 가히 일품이라 할 만하다. 이 작품을 읽다 보면 독자들은 자신도 모르게 적지 않은 '인문학적 상식'을 '덤'으로 얻어갈 수 있을 것이다.

## 뱅스 판타지의 창시자이자
## 대중적인 작가

이 책 『하우스보트에서의 인문학 게임』은 뱅스가 1896년에 발표한 책으로, 그의 대표작이자 베스트셀러로 꼽히는 책이다. 이후 뱅스는 연작 『하우스보트의 추적(The Pursuit of the House-Boat, 1897)』과 『마법의 타자기(The Enchanted Type-Writer, 1899)』를 발표함으로써 하우스보트 3부작을 마무리 짓는다.

아울러 이 책을 통해 뱅스의 이름을 딴 '뱅스 판타지(Bangsian Fantasy)'라는 새로운 장르가 생기게 되는데, '뱅스 판타지'란 기존의 유명한 사후인물이나 문학 작품 속의 인물들이 등장하는 장르를 일컫는다. 새로운 문학 장르를 창시했다는 점에서 이 책의 영향력은 더욱더 빛을 발한다.

이 책의 저자 존 켄드릭 뱅스는 1862년 뉴욕 출신으로 미국의 작가이자 풍자가, 편집자로 다수의 작품을 썼다. 풍자 잡지 〈픽(puck)〉과 〈라이프(Life)〉지 등 다수의 대중 잡지에 기고하며 늘 당대의 독자와 소통했으며, 뱅스 특유의 재치 있는 풍자는 대중문화의 전반에 영향을 미쳤다. 국내에 소개된 그의 작품으로는 이 작품을 비롯하여 『내가 만난 유령』, 『엉망진창 나라의 앨리스』가 있다.

　뱅스는 우리에게 비록 잘 알려진 작가는 아니지만, 낡지 않은 현대적 감각과 인간미 넘치고 생동적인 대화체, 날카롭고 세련된 풍자, 든든한 인문학적 배경지식이라는 훌륭한 무기를 갖춘 작가로서, 오늘날의 독자를 만족시키기에 한 치의 부족함이 없다. 특히 이 책은 뱅스의 이러한 면모가 유감없이 발휘된 작품인 만큼, 독자들도 그 매력을 마음껏 느껴보았으면 한다.


2018년 4월
윤경미

a houseboat on the styx

# 하우스보트에서의 인문학 게임
## (A Houseboat on the Styx)

초 판 1쇄 인쇄 | 2018년 5월 2일
초 판 1쇄 발행 | 2018년 5월 10일

지은이 | 존 켄드릭 뱅스 • 옮긴이 | 윤경미 • 그린이 | 이애영
펴낸이 | 조선우 • 펴낸곳 | 책읽는귀족

등록 | 2012년 2월 17일 제396-2012-000041호
주소 | 경기도 고양시 일산서구 대산로 123, 현대프라자 342호(주엽동, K일산비즈니스센터)

전화 | 031-944-6907 • 팩스 | 031-944-6908
홈페이지 | www.noblewithbooks.com
E-mail | idea444@naver.com

출판 기획 | 조선우 • 책임 편집 | 조선우
표지 & 본문 디자인 | twoesdesign

값 15,000원
ISBN 978-89-97863-90-7  (03190)

이 도서의 국립중앙도서관 출판예정도서목록(CIP)은
서지정보유통지원시스템 홈페이지(http://seoji.nl.go.kr)와
국가자료공동목록시스템(http://www.nl.go.kr/kolisnet)에서
이용하실 수 있습니다.
(CIP제어번호: CIP2018012336)